EinFach Deutsch
Unterrichtsmodell

Thomas Mann

Der Tod in Venedig

Erarbeitet von Claudia Müller-Völkl
und Michael Völkl

Herausgegeben von
Johannes Diekhans

Baustein 4: Komposition und Sprache des Werks (S. 82–102 im Modell)

4.1	Gattungsfragen	Gesamter Text	Arbeitsblätter 21–23
4.2	Die Todesboten und andere Leitmotive	Gesamter Text	Tafelbild, Arbeitsblätter 24–25, kreatives Schreiben
4.3	Ironische Erzähltechnik und Stil	Gesamter Text	Textarbeit, Tafelbild, Arbeitsblatt 26

Baustein 5: Rezeption und Kritik (S. 103–107 im Modell)

5.1	Der Stoff in der Rezeption	Gesamter Text	Filmanalyse, Zusatzmaterial 5–7
5.2	Die Novelle in der Kritik	Gesamter Text	Tafelbild, Arbeitsblatt 27

Der Tod in Venedig

Baustein 1: Hinführung zur Novelle (S. 21–37 im Modell)

1.1	Erstbegegnung	Gesamter Text	Arbeitsblätter 1a–e, Zusatzmaterial 1, assoziative Verfahren
1.2	Lektürephase	Gesamter Text	Textarbeit, Arbeitsblatt 2
1.3	Reflexion des Leseprozesses	Gesamter Text	Arbeitsblätter 3–5
1.4	Das erste Kapitel als Exposition	1. Kapitel	Textarbeit, Tafelbild

Baustein 2: Der Mensch und Künstler Aschenbach (S. 38–56 im Modell)

2.1	Beschreibung Gustav Aschenbachs	2. Kapitel	Textarbeit, Arbeitsblätter 6–7, Tafelbilder
2.2	Aschenbachs Künstlertum	2. Kapitel	Textarbeit, Arbeitsblatt 8
2.3	Gustav Aschenbach und Thomas Mann	Gesamter Text	Arbeitsblätter 9–13, Zusatzmaterial 2–3

Baustein 3: Aschenbach als Liebender (S. 57–81 im Modell)

3.1	Aschenbachs inneres Ringen	3. Kapitel	Textarbeit, Arbeitsblatt 14, Tafelbilder, kreatives Schreiben
3.2	Aschenbachs Faszination für Tadzio	3. Kapitel	Textarbeit, Tafelbilder, Arbeitsblätter 15–16, Gruppenarbeit
3.3	Aschenbachs Liebe zwischen Verdrängung und Rechtfertigung	4. Kapitel	Textarbeit, Tafelbild, Arbeitsblatt 17, kreatives Schreiben, Zusatzmaterial 4
3.4	Der Verfall der Identität Aschenbachs	5. Kapitel	Textarbeit, Tafelbilder, Arbeitsblätter 18–19,
3.5	Aschenbachs Ende	5. Kapitel	Textarbeit, Tafelbild, Arbeitsblatt 20a–e

Bildnachweis:

S. 9, 37: S. Fischer Verlage – **S. 29, 30, 31:** © VG-Bild-Kunst, Bonn 2008 – **S. 32, 33:** Aus: Frank Baron, Gert Sautermeister: Thomas Mann. Wirklichkeit, Dichtung, Mythos, Lübeck 2003, S. 31, 118 – **S. 47:** akg-images/Bildarchiv Monheim – **S. 48:** ullstein bild/Imagno – **S. 51:** © ullstein bild/Thomas Mann-Archiv – **S. 53:** Universitäts- und Landesbibliothek Düsseldorf – **S. 56:** ullstein bild – **S. 72:** bpk/Scala – **S. 75 o.:** © Karl-Heinz Adler Aus: Thomas Kann: Kunst in Deutschland seit 1945. Köln: Dumont 2002, S. 34 – **75 u.**, **S. 111:** akg-images – **S. 110:** Maria Tarchalski, Paris

westermann GRUPPE

© 2008 Bildungshaus Schulbuchverlage
Westermann Schroedel Diesterweg Schöningh Winklers GmbH
Braunschweig, Paderborn, Darmstadt

www.schoeningh-schulbuch.de
Schöningh Verlag, Jühenplatz 1–3, 33098 Paderborn

Das Werk und seine Teile sind urheberrechtlich geschützt.
Jede Nutzung in anderen als den gesetzlich zugelassenen Fällen bedarf der vorherigen schriftlichen Einwilligung des Verlages.
Hinweis zu § 52a UrhG: Weder das Werk noch seine Teile dürfen ohne eine solche Einwilligung gescannt und in ein Netzwerk gestellt werden.
Dies gilt auch für Intranets von Schulen und sonstigen Bildungseinrichtungen.
Für Verweise (Links) auf Internet-Adressen gilt folgender Haftungshinweis:
Trotz sorgfältiger inhaltlicher Kontrolle wird die Haftung für die Inhalte der externen Seiten ausgeschlossen. Für den Inhalt dieser externen Seiten sind ausschließlich deren Betreiber verantwortlich. Sollten Sie daher auf kostenpflichtige, illegale oder anstößige Inhalte treffen, so bedauern wir dies ausdrücklich und bitten Sie, uns umgehend per E-Mail davon in Kenntnis zu setzen, damit beim Nachdruck der Verweis gelöscht wird.

Druck A^2 / Jahr 2017
Alle Drucke der Serie A sind im Unterricht parallel verwendbar.

Druck und Bindung: westermann druck GmbH, Braunschweig

ISBN 978-3-14-**022322**-5

Vorwort

Der vorliegende Band ist Teil einer Reihe, die Lehrerinnen und Lehrern erprobte und an den Bedürfnissen der Schulpraxis orientierte Unterrichtsmodelle zu ausgewählten Ganzschriften und weiteren relevanten Themen des Faches Deutsch bietet.
Im Mittelpunkt der Modelle stehen Bausteine, die jeweils thematische Schwerpunkte mit entsprechenden Untergliederungen beinhalten.
In übersichtlich gestalteter Form erhält der Benutzer/die Benutzerin zunächst einen Überblick zu den im Modell ausführlich behandelten Bausteinen.

Es folgen:

- Hinweise zu den Handlungsträgern
- Zusammenfassung des Inhalts und der Handlungsstruktur
- Vorüberlegungen zum Einsatz des Buches im Unterricht
- Hinweise zur Konzeption des Modells
- Ausführliche Darstellung der einzelnen Bausteine
- Zusatzmaterialien

Ein besonderes Merkmal der Unterrichtsmodelle ist die Praxisorientierung. Enthalten sind kopierfähige Arbeitsblätter, Vorschläge für Klassen- und Kursarbeiten, Tafelbilder, konkrete Arbeitsaufträge, Projektvorschläge. Handlungsorientierte Methoden sind in gleicher Weise berücksichtigt wie eher traditionelle Verfahren der Texterschließung und -bearbeitung.
Das Bausteinprinzip ermöglicht es dabei den Benutzern, Unterrichtsreihen in unterschiedlicher Weise und mit unterschiedlichen thematischen Akzentuierungen zu konzipieren. Auf diese Weise erleichtern die Modelle die Unterrichtsvorbereitung und tragen zu einer Entlastung der Benutzer bei.

Das vorliegende Modell bezieht sich auf folgende Textausgabe: Thomas Mann: Der Tod in Venedig. Frankfurt/Main: Fischer TB, 18. Auflage 2005.

 Arbeitsfrage

 Einzelarbeit

 Partnerarbeit

 Gruppenarbeit

 Unterrichtsgespräch

 Schreibauftrag

 szenisches Spiel, Rollenspiel

 Mal- und Zeichenauftrag

 Bastelauftrag

 Projekt, offene Aufgabe

Inhaltsverzeichnis

1. **Die Personen der Novelle** 10

2. **Inhalt der Novelle** 12
    - 2.1 Zeit und Orte der Handlung 12
    - 2.2 Der Handlungsverlauf 12
    - 2.3 Systematische Übersicht über die einzelnen Erzählabschnitte 15

3. **Vorüberlegungen zum Einsatz der Novelle im Unterricht** 17

4. **Die Konzeption des Unterrichtsmodells** 20

5. **Die thematischen Bausteine des Unterrichtsmodells** 21

    Baustein 1: Hinführung zur Novelle 21
    - 1.1 Erstbegegnung 21
    - 1.2 Lektürephase 25
    - 1.3 Reflexion des Leseprozesses 26
    - 1.4 Das erste Kapitel als Exposition 27
    - Arbeitsblatt 1a: Holzschnitt von Felix Hoffmann 29
    - Arbeitsblatt 1b: Zeichnung von Felix Hoffmann 30
    - Arbeitsblatt 1c: Zeichnung von Felix Hoffmann 31
    - Arbeitsblatt 1d: Zeichnung von Joan Waddell 32
    - Arbeitsblatt 1e: Zeichnung von Joan Waddell 33
    - Arbeitsblatt 2: Lesetagebuch zu „Der Tod in Venedig" 34
    - Arbeitsblatt 3: Interview mit Gustav Aschenbach 35
    - Arbeitsblatt 4: Literarisches Alphabet 36
    - Arbeitsblatt 5: Titelbild zum „Tod in Venedig" 37

    Baustein 2: Der Mensch und Künstler Aschenbach 38
    - 2.1 Beschreibung Gustav Aschenbachs 38
    - 2.2 Aschenbachs Künstlertum 42
    - 2.3 Gustav Aschenbach und Thomas Mann 44
    - Arbeitsblatt 6: Der Heilige Sebastian 47
    - Arbeitsblatt 7: Fotografie Gustav Mahlers 48
    - Arbeitsblatt 8: Literarische Strömungen zu Beginn des zwanzigsten Jahrhunderts 49
    - Arbeitsblatt 9: Auszug aus der Nobelpreisrede Thomas Manns 51
    - Arbeitsblatt 10: Zitat von Thomas Mann zu seiner Novelle 52
    - Arbeitsblatt 11: Porträt Thomas Manns 53
    - Arbeitsblatt 12: Marcel Reich-Ranicki: Thomas Mann. Gezeichnet von Max Liebermann 54
    - Arbeitsblatt 13: Fotografie: Thomas Mann in seinem Arbeitszimmer 56

    Baustein 3: Aschenbach als Liebender 57
    - 3.1 Aschenbachs inneres Ringen 57
    - 3.2 Aschenbachs Faszination für Tadzio 58
    - 3.3 Aschenbachs Liebe zwischen Verdrängung und Rechtfertigung 62
    - 3.4 Der Verfall der Identität Aschenbachs 65
    - 3.5 Aschenbachs Ende 67

Arbeitsblatt 14a: Aschenbach zwischen Bleiben und Abreise (Folienbild)   70
Arbeitsblatt 14b: Aschenbach zwischen Bleiben und Abreise (Lösung)   71
Arbeitsblatt 15:   Der Dornenauszieher   72
Arbeitsblatt 16:   Die Wahrnehmung Tadzios durch Aschenbach   73
Arbeitsblatt 17:   Die Rechtfertigungsstrategien Aschenbachs   74
Arbeitsblatt 18:   Nietzsches Unterscheidung zwischen dem apollinischen und dem dionysischen Künstler   75
Arbeitsblatt 19:   Nietzsche: Das Dionysische und das Apollinische   76
Arbeitsblatt 20a–e: Ein Standbild bauen   77

Baustein 4: Komposition und Sprache des Werks   82
4.1   Gattungsfragen   82
4.2   Die Todesboten und andere Leitmotive   84
4.3   Ironische Erzähltechnik und Stil   87
Arbeitsblatt 21:   Die Novelle   91
Arbeitsblatt 22:   Die Theorie des fünfaktigen Dramas nach Gustav Freytag   92
Arbeitsblatt 23a: Novelle und dramatische Form   94
Arbeitsblatt 23b: Novelle und dramatische Form (Lösungsvorschlag)   95
Arbeitsblatt 24:   Die mythologischen Anspielungen beim „Wanderer"   96
Arbeitsblatt 25a: Die Analyse der Todesboten: Wanderer auf dem Nordfriedhof   97
Arbeitsblatt 25b: Die Analyse der Todesboten: Der falsche Jüngling   98
Arbeitsblatt 25c: Die Analyse der Todesboten: Der Gondoliere   99
Arbeitsblatt 25d: Die Analyse der Todesboten: Der Straßenmusikant   100
Arbeitsblatt 25e: Die Analyse der Todesboten: Lösungsübersicht   101
Arbeitsblatt 26:   Robert Kurz: Thomas Mann und die ironische Weltanschauung   102

Baustein 5: Rezeption und Kritik   103
5.1   Der Stoff in der Rezeption   103
5.2   Die Novelle in der Kritik   105
Arbeitsblatt 27:   Bewertung der Novelle   107

6. Zusatzmaterialien   108
Zusatzmaterial 1: Zeitgenössische Kritik der Homosexuellen an der Novelle   108
Zusatzmaterial 2: Erinnerungen Katia Manns   109
Zusatzmaterial 3: Baron Wladyslaw Moes als Knabe   110
Zusatzmaterial 4: Persönlichkeitsstruktur und Verdrängungsmechanismen nach Sigmund Freud   111
Zusatzmaterial 5: Die Oper Brittens   113
Zusatzmaterial 6: Das Tanztheater Neumeiers   115
Zusatzmaterial 7: Das Drama Wallners   116

7. Literaturverzeichnis   117

Der Tod in Venedig

„Es war Reiselust, nichts weiter; aber wahrhaft als Anfall auftretend und ins Leidenschaftliche, ja bis zur Sinnestäuschung gesteigert." (S. 13)

Titelbild des Romans, 20. Auflage, 2007

Die Personen der Novelle

Gustav Aschenbach: Der etwas über 50 Jahre alte Schriftsteller lebt und arbeitet in München. Aus der Ehe mit seiner bereits verstorbenen Frau hat er eine Tochter. Von väterlicher Seite stammt er aus einer Offiziers- und Beamtenfamilie, sein Großvater mütterlicherseits war ein böhmischer Musiker. Aus dieser familiären Kombination erklärt sich sein berufliches Selbstverständnis als Künstler, das vom Leistungsideal ebenso wie von großer Selbstdisziplin geprägt ist. Nach der Überwindung seiner Anfänge als respektloser Jungschriftsteller ist sein literarisches Reifewerk von innerer Würde und stilbewusster Klassizität geprägt. Aufgrund seiner Verdienste als international bekannter Repräsentant deutscher Kultur darf er sogar einen Adelstitel führen.

Eine künstlerische Schaffenskrise treibt Aschenbach zu einem Urlaub in das sommerliche Venedig, wo er sich in einen polnischen Jungen namens Tadzio verliebt. Diese homoerotische Neigung rechtfertigt er vor seinen großbürgerlichen Prinzipien anfangs noch als primär ästhetisches Vergnügen. Im Laufe seines Aufenthaltes in der Lagunenstadt jedoch entwickelt sich seine unerfüllte Leidenschaft zu einem Prozess der enthemmten Selbstentwürdigung und Selbstzerstörung. Schließlich stirbt Aschenbach an der in der Lagunenstadt ausgebrochenen Cholera.

Tadzio: Der ungefähr vierzehn Jahre alte Tadzio und seine polnische Familie, die aus der Mutter, drei Geschwistern sowie einer Gouvernante besteht, machen zeitgleich mit Aschenbach Urlaub im selben Hotel.

Zwischen den beiden zentralen Figuren der Novelle ergeben sich zwar bestimmte Formen der Interaktion, es findet jedoch keinerlei verbale Kommunikation statt. Aschenbach betrachtet den jungen ausschließlich als Kunstwerk sowie als Objekt seiner erotischen Begierden.

Tadzio wiederum ist in dieser Zweierkonstellation anscheinend nicht nur auf eine passive Rolle beschränkt. Zumindest wenn man den subjektiven Wahrnehmungen Aschenbachs folgt, ist sich Tadzio seiner Anziehungskraft auf den Schriftsteller durchaus bewusst und spielt mit ihm, indem er dessen verstecktes Interesse mit diskreten erotischen Provokationen erwidert. Auf jeden Fall wird Tadzio als Auslöser sowie als zentraler Katalysator für die sich zunehmend als autodestruktiv gebärdende Leidenschaft Aschenbachs.

Die Todesboten: An mehreren Stellen treten im Laufe der Erzählung unheimliche Gestalten auf, die zusammengenommen die erzählerische Funktion eines Leitmotivs erfüllen: Auf jeweils unterschiedliche Art und Weise deuten sie das Ende Aschenbachs, also seinen allmählichen inneren und äußeren Verfall sowie seinen Tod, an.

Zu diesen Botschaften des nahenden Todes zählen in erster Linie der rätselhafte Wanderer am Münchner Nordfriedhof (vgl. S. 11–13), der würdelose Greis auf dem Schiff (vgl. S. 34–41), der düstere Gondoliere (vgl. S. 41–47) sowie der vor der Hotelgesellschaft auftretende Straßensänger (vgl. S. 108–117). In einem abgeschwächten Sinn lassen sich durchaus auch noch andere Figuren den Todesboten zuordnen. Hierbei könnte man an den grinsenden Matrosen (vgl. S. 32) oder auch an den Fahrkartenverkäufer (S. 32–33) denken, die Aschenbachs Überfahrt von Istrien nach Venedig begleiten.

Die übrigen Figuren: Die Nebenfiguren erfüllen keine zentrale Funktion für den Handlungsfortgang der Novelle. Außerdem zeigen sie keine individuellen Charakterzüge, sondern verkörpern bestimmte gesellschaftliche Typen, wie beispielsweise die strenge Gouvernante (vgl. S. 52) oder der geschwätzige Friseur (vgl. S. 129–131). Dabei handelt es sich bei diesen Nebenfiguren keineswegs nur um gesichtslose Statisten. Dem präzisen Personenschilderer Thomas Mann gelingt es nämlich, auch seinen Randfiguren innerhalb weniger Sätze eine literarische Dimension zuteilwerden zu lassen.

Inhalt der Novelle

Zeit und Orte der Handlung

Handlungszeit

Die Geschichte trägt sich im Zeitraum von Mai bis Juni zu. Das Handlungsjahr, in der Novelle unbestimmt mit „19.." (S. 9) angegeben, ist vor dem Ausbruch des Ersten Weltkriegs anzusetzen. Da das fragliche Jahr „unserem Kontinent monatelang eine so gefahrdrohende Miene zeigte" (S. 9), dürfte es sich wohl am ehesten um das Jahr 1911 handeln, in dem die sogenannte „zweite Marokkokrise" beinahe zu einem Krieg zwischen dem Deutschen Kaiserreich und Frankreich geführt hätte.

Handlungsorte

Die ersten beiden Kapitel beziehen sich auf Aschenbachs Leben in München, das dritte Kapitel umfasst die Reise des Schriftstellers über Triest und Pola bis Venedig, wo sich der zweite Teil der Novelle ereignet.

Der Handlungsverlauf

Erstes Kapitel

Das Einleitungskapitel der Novelle handelt von dem Entschluss der Hauptfigur zu einer Reise in den Süden.
Gustav von Aschenbach lebt als gefeierter Schriftsteller in München. Seinen literarischen Leistungen verdankt er sogar die Erhebung in den Adelsstand. Eines Tages unternimmt er, erschöpft von seiner konzentrierten Schreibarbeit und aufgewühlt von einer unbestimmten inneren Unruhe, einen Erholungsspaziergang durch den Englischen Garten. Auf dem Nachhauseweg wartet er am menschenleeren Nordfriedhof auf die Trambahn. Vor der Aussegnungshalle des Friedhofs wird er auf einen offenbar weit gereisten Mann aufmerksam, dessen fremdartige Erscheinung in Aschenbach Fernweh und Reiselust weckt. Getragen vom Wunsch, aus der strengen Routine seines Alltags auszubrechen, verliert er sich in Gedanken. In einem Tagtraum sieht er sich in eine bedrohlich-gefährliche, aber auch faszinierende und verlockende Urwaldszenerie versetzt.
Hinter dieser Vision vermutet er zunächst das unterbewusste Motiv der Flucht vor seiner anstrengenden Arbeit. Eine solche Pflichtverletzung will der an Selbstdisziplin gewöhnte Aschenbach zunächst nicht gelten lassen. Angesichts seiner nachlassenden literarischen Produktivität entschließt er sich dann aber doch zu einer kurzen Reise in den Süden, bevor er dann den Sommer in seinem Haus im Gebirge verbringen will.
Als Aschenbach schließlich die Trambahn besteigt und sich nochmals nach der fremden Gestalt umsieht, ist diese verschwunden.

Zweites Kapitel

Das zweite Kapitel thematisiert den Charakter und die Kunstauffassung Aschenbachs. Aschenbach stammt väterlicherseits von einer schlesischen Familie ab, die in verschiedenen Funktionen dem Staatswesen gedient hat. Das von Vaterseite übernommene Leben als

Pflichterfüllung wird durch einen musischen Einfluss kontrastiert: Seine Mutter war die Tochter eines böhmischen Kapellmeisters.

Zum Œuvre des weltbekannten Schriftstellers gehören anspruchsvolle Erzählwerke, z. B. über Friedrich den Großen, ein komplex angelegter Roman namens „Maja" sowie die Erzählung „Der Elende". Hinzu kommt „Geist und Kunst", eine bedeutende theoretische Arbeit über Literatur.

Der Wille, berühmt zu werden, prägte dabei schon in frühen Jahren das Selbstverständnis Aschenbachs. Spätestens mit vierzig Jahren steht er schon auf dem Höhepunkt internationaler Anerkennung. Seine schwache Konstitution macht es nötig, dass seine außerordentlichen schöpferischen Leistungen ohne große Selbstdisziplin, Entsagung und Leidensfähigkeit nicht denkbar wären. Dabei macht er auch eine künstlerische Entwicklung durch: In jungen Jahren noch zynisch den Wert von Kunst infragestellend, wird er zunehmend zum Exponenten eines konservativen, sittenstrengen Ernstes, weshalb die inhaltlich und stilistisch als mustergültig anerkannten Texte seiner Reifezeit schließlich in den Rang einer pädagogisch anerkannten Schullektüre erhoben werden. Der von ihm vertretene asketische Leistungswille sichert ihm dabei unter gleichgesinnten Zeitgenossen eine breite Leserschaft.

Über die Familie Aschenbachs verrät das Kapitel nur wenig. Man erfährt lediglich von seiner frühen Witwerschaft sowie von der Existenz einer Tochter, die für den weiteren Handlungsfortgang keine Rolle spielt. Das abschließend beschriebene Aussehen Aschenbachs ist von den Spuren der entsagungsvollen inneren Kämpfe des Künstlers gezeichnet.

Drittes Kapitel

Das Kapitel beschreibt die Ankunft Aschenbachs in Venedig, sein erstes Aufeinandertreffen mit dem polnischen Jungen Tadzio sowie seinen missglückten Versuch einer vorzeitigen Abreise.

Zwei Wochen nach dem im ersten Kapitel geschilderten Entschluss zum Aufbruch macht sich Aschenbach über Triest und Pola auf den Weg zu einer Insel vor der Küste Istriens. Unzufrieden über seine Wahl beschließt er, seine Ferien in Venedig fortzusetzen. Für die Überfahrt in die Lagunenstadt geht er an Bord eines ältlichen Schiffes unter italienischer Flagge. Im Lauf der Passage begegnen ihm mehrere unheimliche Gestalten: ein ungepflegter und buckliger Matrose, ein grimassierender Billettverkäufer sowie ein Greis, dessen betont auf Verjüngung zielende äußere Aufmachung grotesk wirkt.

Die Stadt Venedig empfängt den Reisenden mit trübem Wetter, aber auch mit einem begeisternden architektonischen Panorama. Den Transport zu seiner Unterkunft unternimmt Aschenbach in einer düsteren Gondel, die von einem unfreundlichen und zwielichtigen Gondoliere gelenkt wird, der Aschenbach erschaudern lässt.

Anlässlich einer im Hotel eingenommenen Mahlzeit wird er inmitten einer polnischen Reisegruppe des kränklich wirkenden Jünglings Tadzio gewahr, dessen zarte Schönheit ihn augenblicklich in seinen Bann schlägt. Ein Badetag am Strand gibt ihm als stillen Betrachter Gelegenheit, die Anwesenheit des Knaben intensiv zu genießen.

Dennoch fasst Aschenbach, belastet von den drückenden klimatischen Verhältnissen in Venedig, zweimal den Entschluss zu einer schnellen Abreise, die jedoch scheitert, da sein Gepäck falsch weitergeleitet wird. Über diese widrigen Umstände empfindet er eine zunächst unerklärliche innere Erleichterung. Als er Tadzio erneut am Strand erblickt, wird ihm klar, dass es die Faszination des Knaben ist, die ihn an Venedig fesselt.

Viertes Kapitel

Das Kapitel handelt von der wachsenden Verliebtheit Aschenbachs in Tadzio.

Aschenbach ist nunmehr fest entschlossen, seinen Aufenthalt in Venedig fortzusetzen. Sein Urlaubsrhythmus ist dabei vom Streben beherrscht, bei jeder sich bietenden Gelegenheit

Begegnungen mit Tadzio zu provozieren. Die sinnliche Präsenz des Jungen nimmt er als Verkörperung reiner und vollkommener Schönheit wahr. Gleichzeitig verarbeitet er seine homoerotische Begeisterung für Tadzio, indem er diese ästhetisiert und in mythologische und philosophische Zusammenhänge stellt. Infolge seiner intensiven Leidenschaft für Tadzio gelingt es ihm überdies, seine literarische Schaffenskrise zu überwinden und eine kurze Abhandlung zu verfassen.

Trotz seiner starken inneren Empfindungen findet Aschenbach jedoch nicht die Kraft, Tadzio persönlich anzusprechen. Als er dem Jungen zufällig bei einem Spaziergang begegnet und dieser ihn anlächelt, gelingt es ihm wenigstens, sich selbst gegenüber einzugestehen, dass er in Tadzio verliebt ist.

Fünftes Kapitel

Das Kapitel erzählt von der Erkrankung und dem Tod Aschenbachs, der trotz einer Choleraepidemie in Venedig verharrt.

Immer stärkere Anzeichen deuten auf einen Seuchenausbruch in Venedig hin. Die aus der deutschsprachigen Presse informierten Landsleute Aschenbachs brechen ihren Urlaub ab, die Gesundheitsbehörde von Venedig will die Seuche zwar geheim halten, führt aber Desinfektionsmaßnahmen durch und ruft die einheimische Bevölkerung zu vorbeugenden Maßnahmen auf. Eine Gruppe obskurer Straßenmusiker tritt auf der Hotelterrasse auf und verhöhnt dabei die ausländischen Gäste. Aschenbach wird durch diese Beobachtungen die drohende Gefahr immer bewusster, dennoch nimmt er sie bewusst in Kauf, um Tadzio nahe bleiben zu können. Weil er eine Abreise der polnischen Familie verhindern will, unterlässt er es auch, diese über die Vorfälle zu informieren.

Stattdessen sucht er systematisch die Nähe des Jungen und überwindet dabei zunehmend gesellschaftliche Schamgrenzen. Er verfolgt die Spaziergänge der Familie durch Venedig und nähert sich sogar der Zimmertür Tadzios im Hotel. Seine homoerotischen Bekenntnisse legitimiert er durch den Rückgriff auf ein stilisiertes, urzeitliches Männlichkeitsideal. Die Verbindung von Liebe und drohendem Tod in Venedig steigert sich zu Traumvisionen eines orgiastischen, dämonischen Opferfests. Außerdem nimmt Aschenbach immer deutlichere Züge eines liebestollen Greises an, indem er sich mithilfe kosmetischer Mittel ein verjüngtes Aussehen zu geben versucht. Seine Verfolgung Tadzios setzt er sogar dann noch fort, als er inzwischen selbst von der Cholera infiziert ist.

Als er von der bevorstehenden baldigen Abreise der polnischen Familie erfährt, bietet sich dem sichtlich geschwächten Aschenbach ein letztes Mal Gelegenheit, die Erscheinung Tadzios am Hotelstrand zu beobachten. Dieser wird in eine Handgreiflichkeit mit einem Spielkameraden verwickelt und flieht vor dessen brutalem Verhalten ins Meer. Aschenbach vermeint zu erkennen, dass ihn der Junge anlächelt und ihn ins Meer locken will. In diesem Moment bricht der Schriftsteller zusammen und verstirbt noch am gleichen Tag.

Systematische Übersicht über die einzelnen Erzählabschnitte

Kapitel I:

Seitenzahl	Inhalt
S. 9–11	Aschenbachs Spaziergang durch München
S. 9–13	Begegnung mit dem geheimnisvollen Wanderer
S. 13–14	Urwald-Traum Aschenbachs
S. 14–18	Erwachen der Reiselust

Kapitel II:

Seitenzahl	Inhalt
S. 18–19	Aschenbachs Werke und seine Abstammung
S. 20–23	Schriftstellerischer Ruhm, gegründet auf Leistung und persönlicher Zucht
S. 23–25	Identifikation der Leserschaft mit den leidenden Heldengestalten Aschenbachs
S. 25–29	Entwicklung des Schriftstellers vom jungen Zyniker zum würdevollen Klassiker
S. 29–30	Aschenbachs Familienstand und Aussehen

Kapitel III:

Seitenzahl	Inhalt
S. 31–32	Abbruch des Urlaubs in Istrien
S. 32–39	Aschenbachs Überfahrt nach Venedig
S. 39–41	Die Ankunft des Reisenden in Venedig
S. 41–47	Die unheimliche Gondelfahrt zum Hotel
S. 47–50	Ankunft und Sicheinrichten Aschenbachs im Hotel
S. 50–54	Erste Begegnung mit Tadzio
S. 54–59	Nachdenken über eine frühe Abreise
S. 59–65	Aschenbachs heimliches Beobachten Tadzios am Strand
S. 65–66	Aschenbachs Mutmaßungen über die physische Konstitution Tadzios
S. 66–68	Zweiter Beschluss des Literaten zur Abreise
S. 68–74	Scheitern des Abreisevorhabens
S. 74–77	Rückkehr des erleichterten Aschenbachs ins Hotel

Kapitel IV:

Seitenzahl	Inhalt
S. 77–80	Entspannende und mußevolle Urlaubstage Aschenbachs
S. 80–84	Aschenbachs Wahrnehmung Tadzios als Kunstobjekt
S. 84–86	Vision der antiken Knabenliebe

Seitenzahl	Inhalt
S. 86–88	Aufhebung der Schreibblockade Aschenbachs
S. 88–90	Misslingen des Versuchs, Tadzio anzusprechen
S. 90–94	Aschenbachs leidende Sehnsucht nach Tadzio
S. 94–97	Anlächeln Aschenbachs durch Tadzio, Eingeständnis seiner Liebe

Kapitel V:

Seitenzahl	Inhalt
S. 97–100	Erste Anzeichen der Cholera-Gefahr
S. 100–105	Aschenbachs Nachstellungen gegenüber der polnischen Familie
S. 105–106	Die Selbstrechtfertigungen des Schriftstellers
S. 106–108	Aschenbachs Annäherungen an das Geheimnis der Cholera
S. 108–118	Der Auftritt der Straßensänger
S. 118–122	Die Wahrheit über die Cholera
S. 122–124	Entscheidung zum Verzicht auf Warnung der Familie Tadzios
S. 124–127	Aschenbachs orgiastischer Traum
S. 127–128	Aschenbachs Ergebung in die Todesstimmung der Stadt
S. 128–131	Aschenbachs Verjüngung aus Gefallsucht
S. 131–132	Missglückte Verfolgung der Familie Tadzios
S. 132–135	Gedanken des einsamen Aschenbachs an einem Brunnen
S. 136–139	Aschenbachs letzte Begegnung mit Tadzio, Tod am Meer

Vorüberlegungen zum Einsatz der Novelle im Unterricht

„Damals geschah es, dass die Unterrichtsbehörde ausgewählte Seiten von ihm in die vorgeschriebenen Schul-Lesebücher übernahm."
Diese Aussage Thomas Manns über seine Figur Gustav Aschenbach (S. 29) lässt sich zugleich als eine ironische Selbstbeschreibung lesen. Tatsächlich hat sich „Der Tod in Venedig", noch vor vielen anderen Werken dieses Autors, über Generationen hinweg als Schullektüre bewährt. Offenbar besitzt der Text einen bleibenden Wert für die pädagogische Arbeit, und zwar jenseits mitunter etwas schnelllebig anmutender literaturdidaktischer Theorien und Konzepte.
Das ungebrochene Interesse an dieser Erzählung hängt zunächst mit dem Status ihres Verfassers zusammen. Kein an qualitativen Maßstäben orientierter Bildungskanon kann den wohl größten deutschsprachigen Prosaisten des 20. Jahrhunderts ausklammern, in dessen Werken sich – genau wie in seinem Leben – die Höhen und Tiefen der modernen deutschen Literatur, Kultur und Geschichte in eindrucksvoller und tiefgründiger Weise widerspiegeln. Unter den zahlreichen Erzählungen und Romanen dieses Autors wiederum eignet sich gerade „Der Tod in Venedig" besonders als Lektüre für den Deutschunterricht in der Oberstufe. Es handelt sich um einen für ältere Schülerinnen und Schüler gut lesbaren Text von übersichtlichem Umfang, den gleichwohl eine enorme Vielschichtigkeit des Erzählens sowie stilistische Eleganz auszeichnet. Basierend auf dem großen Interpretationspotenzial der Novelle lässt sich folgender Lernzielhorizont formulieren:
Zunächst einmal kann die Auseinandersetzung mit der Künstlerfigur Gustav Aschenbach einen Beitrag zur Persönlichkeitsbildung der Schülerinnen und Schüler leisten. Im gesellschaftlich provokanten Thema der Homosexualität, inspiriert von den zeitgenössischen Theorien der Psychoanalyse, konkretisiert Thomas Mann nichts anderes als eine existenzielle Grunderfahrung des Menschen: Aschenbachs am Ende scheiterndes Ringen mit seinem brüchig gewordenen Selbstbild. Dieses den Handlungsgang innewohnende Kernproblem, das durch die Verknüpfung mit der Biografie Thomas Manns noch zusätzlich an interpretatorischem Reiz gewinnt, stellt dem Leser die bedrängende Frage nach den Chancen und Grenzen einer stabilen, in sich harmonischen Persönlichkeit.
Daneben bietet die Novelle zahlreiche Anknüpfungspunkte zur Vermittlung kulturellen Wissens. Von großer Bildungsrelevanz dürften die Einblicke in den ästhetischen Diskurs zur Zeit Thomas Manns sowie in seine philosophischen und mythologischen Grundlagen sein. Darüber hinaus gewinnen die Schülerinnen und Schüler grundsätzliche Einsichten in die Deutungsbedürftigkeit literarischer Werke und lernen kongeniale Rezeptionsmöglichkeiten des Werks durch die Perspektive anderer Künstler kennen.
Auch die sprachliche Ausdrucksfertigkeit Thomas Manns erweist sich als eindrucksvoll. Die Begegnung mit der Novelle als Sprachkunstwerk, das in einem hochgradig individualisierten Stil verfasst ist, bietet die Chance, in einer vom Phänomen der Sprachverarmung geprägten Umwelt das überlegene Kommunikationspotenzial eines elaborierten Ausdrucksvermögens zu ergründen.
Zur Erreichung dieser Lernziele will das vorliegende Unterrichtsmodell beitragen. Darin eingeschlossen ist zugleich das Angebot eines möglichst breit angelegten Methodenrepertoires, das die klassische Textanalyse ebenso wie kreative Elemente umfasst und zugleich die Teamfähigkeit der Schülerinnen und Schüler sowie ihre Bereitschaft zu fachübergreifendem Arbeiten fördern soll.
Der Leseprozess ist in drei Phasen gegliedert. Zunächst erfolgt eine Erstbegegnung mit dem Text im Rahmen einer Schulstunde. Der Baustein 1 bietet hierfür eine Auswahl an metho-

dischen Herangehensweisen. Anschließend lesen die Schülerinnen und Schüler die Ganzschrift als Hausaufgabe. Ein Zeitraum von zwei Wochen dürfte hierfür mehr als ausreichend sein. Daran knüpft wiederum die gemeinsame Interpretation der Novelle im Unterricht an.

Die wichtigste Forschungsliteratur sowie didaktische Unterrichtshilfen sind im Literaturverzeichnis aufgeführt. Daneben sei auf folgende Auswahl interessanter Internetseiten verwiesen:

http://www.thomasmann.de/thomasmann/home [Stand: 30.11.2007]
(materialreiche und informative Autorenseite des Fischer-Verlags)

http://www.buddenbrookhaus.de [Stand: 30.11.2007]
(Internetpräsenz des Thomas- und Heinrich-Mann-Zentrums in Lübeck)

http://www.lehrer.uni-karlsruhe.de/~za874/homepage/mannth.htm [Stand: 30.11.2007]
(Daten zu Biografie und Werk Thomas Manns)

http://www.erstausgaben-thomas-mann.de [Stand: 30.11.2007]
(Titelseiten-Fotosammlung der Erstausgaben Thomas Manns)

http://lbs.hh.schule.de/welcome.phtml?unten=/faecher/deutsch/autoren/mann_th/venedig.htm [Stand: 30.11.2007]
(kommentierte Linksammlung des Hamburger Bildungsservers)

http://www.lpm.uni-sb.de/deutsch/TodinVenedig.doc [Stand: 30.11.2007)
(Zusammenstellung wichtiger Interpretationsaspekte für den Gebrauch im Unterricht)

http://www.zum.de/Faecher/D/BW/gym/Novellen/mann/mann.htm [Stand: 30.11.2007]
(enthält u.a. praktische Aufgaben für den Unterricht)

http://www.thomas-mann-figurenlexikon.de [Stand:30.11.2007]
(Figurenlexikon zu den Werken Thomas Manns)

http://www.dradio.de/dkultur/sendungen/kritik/531574 [Stand: 30.11.2007]
(Radiorezension der Hörbuchfassung mit Gerd Wameling)

http://www.arte.tv/de/film/Luchino_20Visconti/406310,CmC=490184.html
[Stand: 30.11.2007]
(Informationen zur Verfilmung durch Visconti)

Vorschläge für Klausurthemen

1. *„Aschenbach hatte es einmal an wenig sichtbarer Stelle unmittelbar ausgesprochen, dass beinahe alles Große, was dastehe, als ein Trotzdem dastehe, trotz Kummer und Qual, Armut, Verlassenheit, Körperschwäche, Laster, Leidenschaft und tausend Hemmnissen zustande gekommen sei. Aber das war mehr als eine Bemerkung, es war eine Erfahrung, war geradezu die Formel seines Lebens und Ruhmes, der Schlüssel zu seinem Werk" (S. 23).*
   Erläutern Sie das in diesem Zitat aus dem zweiten Novellenkapitel zum Ausdruck kommende Kunstverständnis Aschenbachs und bewerten Sie es vor dem Hintergrund der Entwicklung, die Aschenbach während seines Venedigaufenthalts durchläuft.

2. *Betten Sie Aschenbachs Besuch beim Friseur (fünftes Kapitel, S. 129–130) in den Zusammenhang der Novellenhandlung ein und interpretieren Sie den darin zum Ausdruck kommenden inneren Zustand Aschenbachs.*

3. Analysieren Sie die Seiten 119–122. Deuten Sie im Anschluss das Motiv der in Venedig ausbrechenden Cholera als Leitmotiv der Novelle.

4. Analysieren Sie die Seiten 25–26 und erläutern Sie, inwieweit die Novelle „Tod in Venedig" zeitgenössische ästhetische Diskurse widerspiegelt.

5. Legen Sie anhand geeigneter Textstellen den Begriff „ironische Erzählhaltung" dar und stellen Sie Zusammenhänge mit der Biografie Thomas Manns her.

6. Vergleichen Sie die beiden Künstlerfiguren „Gustav Aschenbach" und „Tonio Kröger". (Die Aufgabe ist nur sinnvoll, wenn neben dem „Tod in Venedig" auch die Erzählung „Tonio Kröger" vertieft im Unterricht behandelt wurde.)

Facharbeits-/Seminararbeitsthemen

1. Die Homosexualität Thomas Manns – ein interpretatorischer Schlüssel zu seinem Werk?
2. Der Zusammenhang von Werk und Leben – Wie viel Thomas Mann steckt in Gustav Aschenbach?
3. Das Italienbild Thomas Manns im „Tod in Venedig" und in „Mario und der Zauberer"
4. Die Stadt Venedig als literarisches Motiv in der Literatur des Fin de Siècle
5. Thomas Manns „Tod in Venedig" im Spiegel der zeitgenössischen Kritik
6. Die Montagetechnik in der deutschen Literatur: Thomas Manns „Tod in Venedig" im Vergleich zu anderen Werken des 20. Jahrhunderts (Alfred Döblin, Gottfried Benn und/oder andere Autoren)
7. Psychologie und Literatur: Thomas Manns „Tod in Venedig" und Robert Musils „Die Verwirrungen des Zöglings Törleß"

Die Konzeption des Unterrichtsmodells

Baustein 1 stellt zunächst methodische Gestaltungsmöglichkeiten für die Erstbegegnung mit der Lektüre zur Verfügung. Dabei stehen sowohl assoziative Verfahren als auch informationsorientierte Rechercheaufträge zur Auswahl. Diese erste Annäherung bildet die Grundlage für die häusliche Lektüre. Die sich anschließende Reflexionsphase bietet den Schülerinnen und Schülern Gelegenheit, sich über ihre bislang individuell vollzogenen Leseerfahrungen auszutauschen. Die Untersuchung des expositorischen Anfangskapitels leitet zu den Analyseschritten der folgenden Bausteine über.

Baustein 2 beschäftigt sich mit dem Menschen und Künstler Gustav Aschenbach, wie er im zweiten Kapitel dargestellt wird. Die dadurch gewonnenen Erkenntnisse über sein inneres Wesen sowie über sein schriftstellerisches Profil werden sodann in einen vergleichenden Zusammenhang mit Leben und Werk Thomas Manns gestellt. Methodisch im Vordergrund steht dabei die Texterschließung.

Baustein 3 thematisiert die homoerotische Leidenschaft, die Aschenbach gegenüber Tadzio empfindet. Im Mittelpunkt des Interesses stehen zum einen die Herausarbeitung der einzelnen Phasen, in die sich die Entwicklung der Beziehung des Schriftstellers zu dem polnischen Knaben einteilen lässt, zum anderen die Verdunkelungsstrategien, mit denen Aschenbach seine gesellschaftlich verpönte Neigung zu maskieren versucht. Ausgehend von der eigentlichen Textarbeit bieten sich hierbei zahlreiche Anlässe für kreative Schreibaufträge sowie für handlungsorientierte Interpretationen.

Baustein 4 reflektiert Aufbau, innere Struktur und Sprache der Erzählung. Zu diesem Zweck wird ihre Zuordnung zur Gattung der Novelle ebenso überprüft wie ihre Nähe zur Dramatik. Außerdem wird das Netz der Leitmotive in seiner Funktion für den inneren Zusammenhang der Novelle erfasst. Ein weiterer Aufgabenblock ist der ironischen Erzählhaltung Thomas Manns sowie seiner sprachlichen Meisterschaft gewidmet.

Baustein 5 zeigt das Fortleben des Novellenstoffs durch die Rezeption in Film, Oper, Ballett sowie im Drama. Durch vergleichende Analysen werden die Schülerinnen und Schüler dazu angeregt, sich über Möglichkeiten und Grenzen der jeweiligen künstlerischen Erscheinungsformen klar zu werden. Den Abschluss der Sequenz bildet die Rezension der Novelle durch die Schülerinnen und Schüler. Die bereits in Baustein 1 fokussierte individuelle Leseerfahrung mündet somit als Quintessenz der im Unterricht durchgeführten Analyse ein in eine subjektive Gesamtwürdigung des Texts.

Die thematischen Bausteine des Unterrichtsmodells

Baustein 1

Hinführung zur Novelle

Um den Schülerinnen und Schülern einen motivierenden und problemorientierten Zugang zur Lektüre zu ermöglichen, wird im folgenden Baustein ein dreischrittiges Verfahren vorgeschlagen. Zunächst erfolgt als Einstimmung innerhalb des Unterrichts eine Erstbegegnung mit der Novelle und ihrem Autor. Anschließend ist der Text von der Klasse als Hausaufgabe zu lesen. Die individuell jeweils unterschiedlich verlaufenden Leseerfahrungen der Schülerinnen und Schüler werden dann in der eigentlichen Einstiegsphase zusammengeführt. Gleichzeitig wird damit eine Grundlage für den Beginn der Interpretationsphase der Novelle im Unterricht geschaffen.

1.1 Erstbegegnung

Die Erstbegegnung, die im Idealfall zeitgleich mit der Ausgabe der Lektüretexte durchgeführt wird, dient zunächst einmal dazu, bei den Schülerinnen und Schülern Neugier auf das Lektüreerlebnis sowie auf die gemeinsame Auseinandersetzung mit dem Werk zu wecken. Außerdem kann der Lehrer bei dieser Gelegenheit bereits eine gewisse thematische Sensibilisierung der Schülerinnen und Schüler erreichen, wodurch diesen auch der Einstieg in den Leseprozess erleichtert wird.

Die Gestaltung der Erstbegegnung kann mithilfe dreier thematischer Bereiche erfolgen, die natürlich jederzeit miteinander kombinierbar sind. Konkret werden im Folgenden Hinführungen und Annäherungen an den Autor Thomas Mann, an Motive seiner Novelle sowie an die den Schülerinnen und Schülern ausgehändigte Textausgabe vorgeschlagen.

Annäherungen an den Autor

Sammeln von Vorwissen

Die Schülerinnen und Schüler bekommen ungefähr 10 Minuten Zeit, um sich ihr konkretes Vorwissen zur Person Thomas Mann und zu seinen Werken ins Gedächtnis zu rufen und dieses stichwortartig zu notieren. Die auch im Rahmen einer Partnerarbeit bearbeitbare Aufgabe könnte ungefähr folgendermaßen formuliert sein:

> ■ Notieren Sie, was Sie bereits über Leben und Werk Thomas Manns wissen, und tragen Sie Ihre Ergebnisse der Klasse vor.

Baustein 1: Hinführung zur Novelle

Die in der Klasse zusammengetragenen Ergebnisse werden durch den Lehrer ergänzt, erweitert und gegebenenfalls korrigiert.

Biografische Spurensuche im Internet

Thomas Manns Familie wechselte während seines Lebens mehrere Male den Wohnort, zum Teil aus freiem Entschluss, zum Teil unter dem Druck der politischen Verhältnisse. Jede dieser Etappen ist geprägt von familienbiografischen Ereignissen einerseits sowie von den Entstehungsprozessen bedeutender literarischer Werke andererseits.

Die wesentlichen Lebensstationen Thomas Manns können im Rahmen des Unterrichts mithilfe einer arbeitsteiligen Internetrecherche erarbeitet werden. Jeder Gruppe wird eine mit einem bestimmten Wohnort verbundene Lebensphase des Schriftstellers zugeteilt. Die Schülerinnen und Schüler sollen die wichtigsten familiären und schriftstellerischen Ereignisse und Entwicklungen im jeweiligen Zeitraum zusammenstellen und auf einem Plakat darstellen. In der folgenden Aufgabenstellung nicht berücksichtigt sind zeitlich eher begrenzte Aufenthalte, z. B. der gemeinsame Aufenthalt der Brüder Thomas und Heinrich in Rom und Palestrina (1896–1898) oder auch die kurze Exilstation Thomas Manns in Sanary-sur-Mer bei Toulon (1933).

■ *Thomas Mann verbrachte sein Leben an verschiedenen Wohnorten in Deutschland, der Schweiz und den USA. Jede Arbeitsgruppe beschäftigt sich mit einem bestimmten Ort der Mann'schen Familiengeschichte.*
Gruppe A: Lübeck (1875–1894)
Gruppe B: München (1894–1933)
Gruppe C: Küsnacht, Schweiz (1933–1938)
Gruppe D: Princeton (1938–1941) und Pacific Palisades, USA (1941–1952)
Gruppe E: Kilchberg, Schweiz (1954–1955)
Stellen Sie mithilfe des Internets wesentliche biografische und werkgeschichtliche Fakten zusammen, die mit dem jeweiligen Wohnort Thomas Manns verknüpft sind, und präsentieren Sie Ihre Ergebnisse auf einem Plakat.

Nach der Präsentation der Plakate sollten diese in Form einer „biografischen Reiseroute" im Klassenzimmer ausgehängt werden. Auf diese anschauliche Biografie Manns kann während der gesamten Unterrichtssequenz immer wieder Bezug genommen werden.

Schülerreferate

Auch in der Phase der ersten Annäherung an die Lektüre können bereits Schülerreferate zur Biografie Thomas Manns eingebaut werden. Allerdings sollten ausschließlich deskriptive Themenstellungen wie beispielsweise „Thomas Mann – Leben und Werk" vermieden werden, da solche Formulierungen in der Regel reine Faktenauflistungen ohne größeren Lerneffekt nach sich ziehen. Vielmehr erscheint es ratsam, die Referate als anregende Aufgaben mit einem gewissen Problematisierungsgrad anzulegen. Denkbare Beispiele für solche Themen wären:

- Der Nachname „Mann" – Segen oder Fluch? [Es werden Erfolg und Scheitern ausgewählter Familienmitglieder der Manns nachgezeichnet.]
- Thomas Mann: Vater oder Familientyrann? [Dieses Thema problematisiert die Lebensumstände der Familie Mann im Schatten ihres „Übervaters".]
- Thomas Mann: Deutscher oder Weltbürger? [Hierbei geht es um das wechselvolle Verhältnis Thomas Manns zu Deutschland und zu den Deutschen.]
- Heinrich Breloers „Die Manns. Ein Jahrhundertroman" – Spielfilm oder Dokumentarfilm? [Anhand ausgewählter Szenen kann der Authentizitätscharakter des Films diskutiert werden.]

- Der Autor und sein Verlag: Thomas Mann und das Verlagshaus Fischer
  [Zu analysieren ist die für beide Seiten vorteilhafte Symbiose zwischen Thomas Mann und seinem Verlag. Dieses Referatsthema beleuchtet zugleich an einem prominenten Beispiel den merkantilen Kontext schriftstellerischen Schaffens.]

Annäherung an zentrale Motive der Novelle

- Das Assoziationsverfahren

Die didaktische Idee hinter dieser Aufgabenart ist es, zunächst denkbare Assoziationen beziehungsweise Leseerwartungen zu bestimmten literarischen Motiven zu sammeln, die dem Leser in der Novelle auch tatsächlich begegnen. Als Sozialform bietet sich die Gruppenarbeit an.

> *Jede Gruppe beschäftigt sich mit einem bestimmten Motiv, das in der Novelle eine zentrale Rolle spielt. Ihre Aufgabe besteht darin, Assoziationen zu Ihrem jeweiligen Gruppenthema zu sammeln beziehungsweise zu überlegen, wie Sie sich die literarische Umsetzung des Motivs vorstellen. Die Ergebnisse sollen in Form von Mindmaps auf einer Overheadfolie präsentiert werden.*
> *Gruppe A: „Schriftsteller"*
> *Gruppe B: „Tod"*
> *Gruppe C: „homoerotische Liebe"*
> *Gruppe D: „Venedig"*
> *Gruppe E: „Cholera"*

Nach erfolgter Lektüre kann dann im Unterrichtsgespräch überprüft werden, welche konkreten Assoziationen von Schülerseite auch in der Erzählung wiedergefunden werden können. Zu diesem Zweck sollten die Ergebnisse der Gruppenarbeit aufbewahrt werden, damit sie nach der Phase „Reflexion des Leseprozesses" wieder zur Verfügung stehen.

- Die Erschließung von Illustrationen

Als Grundlage für diese Aufgabe dienen Zeichnungen und Holzschnitte, in denen sich verschiedene Künstler mit Manns „Tod in Venedig" auseinandergesetzt haben. Die Schülerinnen und Schüler werden in Gruppen eingeteilt. Jede Gruppe bekommt die Kopie einer Illustration an die Hand (siehe **Arbeitsblatt 1a – e, S. 29 – 33**). Zunächst soll der Bildinhalt möglichst präzise beschrieben werden. Im Anschluss soll die Gruppe Mutmaßungen und Erwartungen hinsichtlich der Novellenhandlung formulieren.

> *Die Ihrer Gruppe vorliegende Illustration stellt eine künstlerische Auseinandersetzung mit der Novelle Thomas Manns dar. Beschreiben Sie zunächst den Bildinhalt und stellen Sie dann auf der Grundlage des Bildes Hypothesen zum Inhalt der Novelle an.*

Nach Beendigung der Gruppenarbeit stellen die Teams ihre Ergebnisse der Klasse vor. Hierzu sollte die Lehrkraft die in Kopie ausgegebenen Bilder zusätzlich als Overheadfolie zur Verfügung stellen. Im Zusammenhang mit der Auswertung ist grundsätzlich festzustellen, dass zumindest die drei Arbeiten von Felix Hoffmann hinsichtlich der darin enthaltenen Bildelemente und ihrer atmosphärischen Stimmung den Schülerinnen und Schülern keine größeren Schwierigkeiten bereiten dürften. Die beiden Zeichnungen von Joan Waddell dagegen sind eher einem surrealen Kompositionsprinzip verpflichtet, weshalb die Lehrkraft der Gruppe unterstützende Hilfestellungen geben kann. So könnte beim Arbeitsblatt 1d beispielsweise auf die symbolische Bedeutung der Sanduhr hingewiesen werden, die in der abendländischen Kunst für die ablaufende Lebensuhr und damit für Tod und Vergänglichkeit steht. Bezogen auf das Arbeitsblatt 1e wiederum dürfte es sich als sinnvoll erweisen, die Figur im Bildbereich links unten als jungen, femininen Mann zu decodieren.

Sollte die Lehrkraft darauf verzichten, die Illustration in der Annäherungsphase zu verwenden, lässt sich das Bildmaterial ohne Schwierigkeiten auch an anderen Stellen innerhalb der Unterrichtssequenz einsetzen.

Annäherungen an die Textausgabe

Die Hinführung an das Buchobjekt kann in einem Unterrichtsgespräch erfolgen, in dem die Lehrkraft Beobachtungen der Schülerinnen und Schüler ergänzt beziehungsweise in einen größeren Zusammenhang stellt. Im Einzelnen bieten sich folgende Elemente an:

Das Titelbild

■ *Die Umschlagseite ist gewissermaßen die Visitenkarte eines Buchs. Beschreiben Sie das Titelbild der Novelle „Der Tod in Venedig" und überlegen Sie, welche Erwartungen das Bild beim Betrachter weckt.*

Es handelt sich um einen Ausschnitt aus dem Ölgemälde „Palazzo da Mula" von Claude Monet, das vier Jahre vor dem Erscheinen der Novelle „Tod in Venedig" 1908 angefertigt wurde. Dem Betrachter zeigt sich die Frontansicht eines spätgotischen Palazzos einer Glasbläserfamilie auf der Insel Murano, gesehen vom Wasser aus. Vergleichend kann den Schülerinnen und Schülern eine Fotografie des echten Palazzos präsentiert werden, um den Kontrast zwischen Objekt und künstlerisch erzeugtem Abbild noch deutlicher zu machen. Auf dem Bildausschnitt sieht man auf etwas mehr als der unteren Hälfte das Wasser des Kanals, darüber einen Teil der Fassade des Palazzos mit den gotischen Fernstern, dazwischen befinden sich nahe der Hauswand Duckdalben, an denen eine typisch venezianische Gondel befestigt ist. Das Wasser des Kanals hat ein grelles Grünblau, eine Farbe, die sich auch an der Fassade des Palazzos hochzieht. Dadurch wirkt das Bild trotz der intensiven Farbgebung relativ eintönig. Lediglich die Fensteröffnungen sind als schwarze, gleichsam alles Licht verschluckende Öffnungen dargestellt und wirken tendenziell bedrohlich. Durch die grünblaue Fassade scheint der Palazzo mit dem Wasser zu verschmelzen. Zu diesem Eindruck trägt auch die typisch impressionistische Verschwommenheit der Konturen bei, durch die sich das Gebäude scheinbar auflöst.

Der Eindruck der Auflösung und des Versinkens im Wasser korrespondiert deutlich mit der Darstellung Venedigs in der Novelle. Diesen Bezug kann man im Übrigen auch als Wiedereinstieg nach der Lesephase herstellen lassen und damit die Umschlaggestaltung als verbindendes Element verwenden.

Der Umschlagtext

■ *Lesen Sie den Umschlagtext der Novelle. Welche Aussagen zum Buch lassen sich entnehmen? Überlegen Sie, warum sich der Verlag wohl genau für diesen Text entschieden hat.*

Zitiert wird ein Auszug aus einem auf den März 1913 datierten Brief Thomas Manns an seinen Freund Philipp Witkop, zu dieser Zeit Professor für Literaturwissenschaft an der Universität Freiburg/Breisgau. Mann spricht darin von äußerst positiven Reaktionen auf seine kurz zuvor erschienene Novelle. Allerdings klammert er die ebenfalls artikulierten negativen Kritiken völlig aus, die die offen thematisierte Homosexualität Aschenbachs als moralischen Skandal empfanden. Stattdessen berichtet Thomas Mann Witkop von seiner eigenen Wahrnehmung, die das Werk wörtlich auf die Ebene der Vollkommenheit rückt. Das Besondere dieses Selbstlobs wird den Schülerinnen und Schülern besonders bewusst, wenn man sie darauf hinweist, dass Thomas Mann zeit seines Lebens von erheblichen Selbstzweifeln betreffend seine künstlerische Arbeit gepeinigt war. Insgesamt dokumentieren die im Zitat zum Ausdruck kommenden überschwänglichen Bewertungen den bereits von vielen Zeitgenossen Manns anerkannten hohen literarischen Rang der Erzählung.

Allerdings sollte die Lehrkraft auch die Gelegenheit dazu nutzen, im Vorgriff auf die Handlung der Novelle auf den Vorwurf der „Anstößigkeit" einzugehen, um den Schülerinnen und Schülern den hohen Tabuisierungsgrad sexueller Themen in der Gesellschaft des Kaiserreichs deutlich zu machen. Dabei konnten homosexuelle Handlungen zwischen Männern sogar strafrechtlich verfolgt werden. Dies sollte jedoch wiederum nicht zur Annahme verleiten, dass die bekennenden Homosexuellen unter Manns Zeitgenossen die Novelle als Aufwertung der eigenen Lebensweise verstanden. Vielmehr kritisierte man das Werk geradezu als kontraproduktiv für die eigenen Anliegen. Um diese Position im Unterricht zu illustrieren, bietet das **Zusatzmaterial 1**, S. 108 einen entsprechenden Auszug aus einer Rezension des Berliner Publizisten und expressionistischen Schriftstellers Kurt Hiller (1885–1972), eines Vorkämpfers für die Rechte der Homosexuellen.

Die bibliografischen Angaben

> ■ *Untersuchen Sie, welche bibliografischen Angaben sich den ersten Seiten der Novelle entnehmen lassen.*

Diese finden sich in der Taschenbuchausgabe auf S. 6. Die hohe Auflagenzahl dokumentiert die bis heute andauernde kommerzielle Erfolgsgeschichte der Novelle. Am Verweis auf die erste bei Fischer erschienene Ausgabe, die bald auf die bei Hyperion erschienene Originalausgabe der Novelle folgte, lässt sich die lebenslange Verbundenheit Thomas Manns mit dem Verlagshaus Fischer festmachen. Bekanntlich fungierte der von Samuel Fischer 1886 in Berlin gegründete Verlag stets als „Hausverlag" Manns, der schon 1897 dessen erste Novellensammlung „Der kleine Herr Friedemann" veröffentlicht hatte.

Das im Impressum angegebene Copyright für die vorliegende Taschenbuchausgabe lag wiederum bei Katia, der Ehefrau Manns, auf die nach dem Tode ihres Gatten 1955 sämtliche Urheberrechte übergegangen waren.

1.2 Lektürephase

Für die häusliche Lektüre dürften zwei Wochen völlig ausreichend sein. Zur Sicherung des Gelesenen sollten die Schülerinnen und Schüler dazu angehalten werden, ein Lesetagebuch zu führen. Auf diese Aufzeichnungen können sie dann auch während der Interpretationsphase zurückgreifen, um sich im Text zu orientieren.

Im Lesetagebuch (siehe **Arbeitsblatt 2**, S. 34) ist der Inhalt jedes Kapitels in drei bis sechs Sätzen zusammenzufassen. Außerdem sollte jedes Kapitel mit einer treffenden Überschrift versehen werden. Der Vorschlag für das Arbeitsblatt bietet außerdem Raum, um sich eventuell Fragen zu unklaren Textstellen notieren zu können. Dies verdeutlicht den Schülerinnen und Schülern zugleich den offenen, unabgeschlossenen und „frag-würdigen" Charakter eines jeden Leseprozesses.

1.3 Reflexion des Leseprozesses

In diesem Arbeitsschritt soll der jeweils individuell verlaufene Leseprozess der Schülerinnen und Schüler im gemeinsamen Gespräch zusammengeführt und reflektiert werden. Im Vordergrund steht vor allem der offene, nicht gelenkte Austausch über das Gelesene. Die Lehrkraft erhält auf diese Weise ein „feedback" über die Ergebnisse der Lektürephase sowie Hinweise zu den Aspekten der Novelle, die die Schülerinnen und Schüler besonders beschäftigen. Bei der konkreten Ausgestaltung der Unterrichtssequenz kann dies in Form thematischer Schwerpunktsetzung berücksichtigt werden.

Biografisches Interview

Mithilfe eines fiktiven Interviews mit Gustav Aschenbach (siehe **Arbeitsblatt 3**, S. 35) lassen sich wichtige biografische Fakten der Figur auf spielerische Weise wiederholen und für die weitere Interpretationsphase festigen. Das Interview sollte in Partnerarbeit ausgeführt werden: Ein Schüler spielt den Interviewer, der andere antwortet aus der Sicht Gustav Aschenbachs. Natürlich kann das Interview vonseiten der Schüler um weitere Fragen ergänzt werden. Die Antworten Gustav Aschenbachs sollten als Grundlage für ein auswertendes Unterrichtsgespräch schriftlich festgehalten werden.

■ *Stellen Sie sich vor, Sie wären Gustav Aschenbach, der gerade interviewt wird. Versetzen Sie sich in die Person Aschenbachs und füllen Sie den vorliegenden Fragebogen aus. Dies können Sie auch gemeinsam mit Ihrem Banknachbarn bzw. Ihrer Banknachbarin tun.*

Literarisches Alphabet

Der Grundgedanke dieser Aufgabenform besteht darin, den Titel der Novelle als Akronym anzusehen. Jeder Buchstabe ist zu einem vollständigen Gedanken zu ergänzen, der einen thematischen Aspekt oder eine Leseassoziation widerspiegelt (siehe **Arbeitsblatt 4**, S. 36). Die Bearbeitung kann in Einzel- oder Partnerarbeit erfolgen.

■ *Füllen Sie das Arbeitsblatt aus. Jeder Buchstabe ist als Wortanfang zu betrachten, der einen persönlichen Gedanken zur Novelle einleitet.*

Assoziationen zu einem Titelbild

Die Lehrkraft präsentiert das Titelbild einer früheren Auflage der Novelle (**Arbeitsblatt 5**, S. 37). Nach einer kurzen Betrachtung der abstrakten Darstellung sollen die Schülerinnen und Schüler ihre Assoziationen äußern und Zusammenhänge mit dem Inhalt der Novelle herstellen. Einzelne Bildelemente lassen sich relativ einfach zuordnen, beispielsweise das Stundenglas oder der Bug einer Gondel. Andere Komponenten wiederum dürften die Fantasie der Schülerinnen und Schüler schon stärker fordern. So gleicht die Figur im Zentrum der Darstellung einerseits der Gestalt des von Pfeilen durchbohrten Heiligen Sebastian. Sie ähnelt aber mit ihren langen Haaren ungleich auch Tadzio. Das Wesen rechts im Bild könnte, aufgrund der angedeuteten Bogenform, für den Liebesboten Amor stehen, der gleichwohl als groteskes vierbeiniges Untier dargestellt wird und damit offenbar auch die dunklen Triebe in der menschlichen Seele verkörpert.

Eine reizvolle Zusatzaufgabe besteht darin, die Klasse eigene Titelbilder gestalten zu lassen. Dies lässt sich beispielsweise als Hausaufgabe realisieren.

> Beschreiben Sie die einzelnen Elemente, aus denen sich das Ihnen vorliegende Bild zusammensetzt, und versuchen Sie eine Deutung.

Fortführen angefangener Gedanken

Die Schülerinnen und Schüler werden mit unvollständigen Sätzen konfrontiert, die zu komplettieren sind. Diese Impulssätze geben Gelegenheit zur Artikulation eigener Standpunkte zur Novelle. Erfahrungsgemäß bietet diese auf subjektive Einschätzungen abzielende Übung zahlreiche Gesprächsanlässe.

> Vervollständigen Sie die folgenden Sätze, sodass sie Ihre persönlichen Ansichten widerspiegeln.

Denkbare Satzanfänge wären zum Beispiel:

- *Bei Gustav Aschenbach stelle ich mir … vor.*
- *Der Schriftsteller Aschenbach ist vor allem …*
- *Aschenbach sucht in Venedig nach …*
- *Aschenbach gesteht Tadzio seine Liebe nicht, weil …*
- *Aschenbachs Liebe zu Tadzio ist vergeblich, weil …*
- *Bei Venedig denke ich an …*
- *Thomas Mann beschreibt Venedig als …*
- *Der Schreibstil Thomas Manns wirkt auf mich wie …*
- *Den „Tod in Venedig" sollten Menschen lesen, die …*
- *Nicht empfehlenswert ist die Novelle für …*

1.4 Das erste Kapitel als Exposition

Das erste und gleichzeitig kürzeste Kapitel der Novelle erfüllt gewissermaßen die Funktion einer Exposition, da in ihm bereits zahlreiche zentrale Motive der Erzählung präsent sind. Der Leser lernt Aschenbach als disziplinierten, von der klassischen Gedankenwelt geprägten, aber innerlich unausgeglichenen Schriftsteller kennen, der an einer Schreibblockade leidet. Ein in Einsamkeit verlaufender Spaziergang durch München, in dem ein „falscher Hochsommer" (S. 10) bereits auf die schwüle, von latenter Sinnlichkeit und Erotik erfüllte Atmosphäre im sommerlichen Venedig vorbereitet, führt diesen zunächst zum Nordfriedhof. Diese Örtlichkeit antizipiert das in allen Kapiteln präsente Todesmotiv. Außerdem begegnet er einem geheimnisvollen Wanderer, der ebenfalls der Sphäre des Todes angehört und dessen ungewohnte Wildheit und Hässlichkeit sich verstörend auf die scheinbare Ordnung in Aschenbachs Leben auswirken. In diesem Zusammenhang symbolisiert ein Tagtraum das Erwachen der in Aschenbach verborgenen, unterbewussten Seelenkräfte. Die dadurch geweckte Sehnsucht nach einer Reise in den Süden, in vielerlei Hinsicht der Gegenpol zum geordneten Leben in München, verkörpert das die eigentliche Novellenhandlung auslösende Motiv.

Vor der Untersuchung des ersten Kapitels sollte es kurz wiederholt werden, indem die S. 9–18 entweder nochmals gemeinsam gelesen werden oder deren Inhalt aus dem Gedächtnis rekapituliert wird. Sodann führt die Lehrkraft den Begriff der „Exposition" ein und fordert die Schülerinnen und Schüler dazu auf, in Partner- oder Gruppenarbeit folgende Aufgabe zu behandeln:

> Untersuchen Sie die expositorische Funktion des ersten Kapitels, indem Sie Themen und Motive identifizieren, die im weiteren Verlauf der Novelle eine wichtige Rolle spielen.

Baustein 1: Hinführung zur Novelle

Die Ergebnissicherung sollte in Form eines Tafel- oder Folienbildes erfolgen, das beispielsweise folgendermaßen zu gestalten wäre:

Das erste Kapitel als Exposition?

Begriff der „Exposition":

Ableitung: von lat. *expositio* = Darlegung
Verwendung: meist im Zusammenhang mit dem ersten Akt eines Dramas
Bedeutung: Einführung in eine Situation, eine Thematik, Vorstellung der Hauptfiguren

Übertragung auf das erste Kapitel der Novelle:

Textelement ...	verweist auf ...
Adelstitel (S. 9)	Aschenbachs großbürgerliches Prestige
Aschenbachs streng geregelter Tagesablauf (S. 9)	seine Arbeitsdisziplin und Selbstüberwindung
Cicero-Zitat (S. 9)	Aschenbachs Selbstbild als klassisch gebildeter Autor
Wunsch nach einem Spaziergang (S. 9)	Aschenbachs Unausgeglichenheit, Erschöpfung
„falscher Hochsommer" (S. 10)	schwüle, sinnlich-erotische Atmosphäre in Venedig
der menschenleere Nordfriedhof (S. 10–11)	die menschliche Einsamkeit Aschenbachs seit seiner Kindheit
geheimnisvoller Wanderer (S. 11–13)	Todesmotiv, Zerstörung der gewohnten Ordnung
Tagtraum (S. 13–14)	unterbewusste seelische Triebkräfte
Reiselust (S. 13)	das die Novellenhandlung auslösende Motiv

➡ **Schlussfolgerung:**

erstes Kapitel besitzt in mehrfacher Hinsicht expositorische Funktion

Notizen
_____
_____
_____
_____
_____
_____

Holzschnitt von Felix Hoffmann

■ Die Ihrer Gruppe vorliegende Illustration stellt eine künstlerische Auseinandersetzung mit der Novelle Thomas Manns dar. Beschreiben Sie zunächst den Bildinhalt und stellen Sie dann auf der Grundlage des Bildes Hypothesen zum Inhalt der Novelle an.

Zeichnung von Felix Hoffmann

■ *Die Ihrer Gruppe vorliegende Illustration stellt eine künstlerische Auseinandersetzung mit der Novelle Thomas Manns dar. Beschreiben Sie zunächst den Bildinhalt und stellen Sie dann auf der Grundlage des Bildes Hypothesen zum Inhalt der Novelle an.*

Zeichnung von Felix Hoffmann

▪ *Die Ihrer Gruppe vorliegende Illustration stellt eine künstlerische Auseinandersetzung mit der Novelle Thomas Manns dar. Beschreiben Sie zunächst den Bildinhalt und stellen Sie dann auf der Grundlage des Bildes Hypothesen zum Inhalt der Novelle an.*

Zeichnung von Joan Waddell

■ *Die Ihrer Gruppe vorliegende Illustration stellt eine künstlerische Auseinandersetzung mit der Novelle Thomas Manns dar. Beschreiben Sie zunächst den Bildinhalt und stellen Sie dann auf der Grundlage des Bildes Hypothesen zum Inhalt der Novelle an.*

Zeichnung von Joan Waddell

- *Die Ihrer Gruppe vorliegende Illustration stellt eine künstlerische Auseinandersetzung mit der Novelle Thomas Manns dar. Beschreiben Sie zunächst den Bildinhalt und stellen Sie dann auf der Grundlage des Bildes Hypothesen zum Inhalt der Novelle an.*

Lesetagebuch zu „Der Tod in Venedig"

Kapitel	Vorschlag für eine Überschrift	Zusammenfassung des Inhalts	Bemerkungen, Fragen u. Ä.
I			
II			
III			
IV			
V			

Interview mit Gustav Aschenbach

Wie lautet Ihr vollständiger Name?
_____

Wie alt sind Sie ungefähr?
_____

Wo wohnen Sie?
_____

Woher stammen Sie ab?
_____

Welchen Beruf üben Sie aus?
_____

Auf welchen Gebieten betätigten sich Ihre Vorfahren väterlicherseits?
_____

Welchem Beruf ging Ihr Großvater mütterlicherseits nach?
_____

Warum wurde Ihnen der Adelstitel verliehen?
_____

Was sind Ihre wichtigsten Werke?
_____

Worin besteht die Triebfeder für Ihr literarisches Arbeiten?
_____

Wie würden Sie sich mithilfe von 3–5 Begriffen charakterisieren?
_____

■ *Stellen Sie sich vor, Sie wären Gustav Aschenbach, der gerade interviewt wird. Versetzen Sie sich in die Person Aschenbachs und füllen Sie den vorliegenden Fragebogen aus. Dies können Sie auch gemeinsam mit Ihrem Banknachbarn bzw. Ihrer Banknachbarin tun.*

Literarisches Alphabet

D _____

E _____

R _____

T _____

O _____

D _____

I _____

N _____

V _____

E _____

N _____

E _____

D _____

I _____

G _____

■ *Füllen Sie das Arbeitsblatt aus. Jeder Buchstabe ist als Wortanfang zu betrachten, der einen persönlichen Gedanken zur Novelle einleitet.*

Titelbild zum „Tod in Venedig"

Titelbild 1993

■ *Beschreiben Sie die einzelnen Elemente, aus denen sich das Ihnen vorliegende Bild zusammensetzt, und versuchen Sie eine Deutung.*

Baustein 2

Der Mensch und Künstler Aschenbach

Gegenstand dieses Bausteins ist die Person des Künstlers Gustav Aschenbach, wie sie sich vor Beginn seines Liebesabenteuers darstellt. Als Textgrundlage dient das zweite Kapitel der Novelle, in dem die Biografie, der Charakter sowie die Kunstauffassung des Schriftstellers thematisiert werden. Dabei zeigt sich sehr deutlich, dass Thomas Mann die Figur Aschenbach keineswegs im luftleeren Raum literarischer Fantasie konzipiert hat. Vielmehr finden sich zahlreiche Realitätsbezüge, beispielsweise autobiografische Elemente oder auch Rückgriffe auf den zeitgenössischen Kunstdiskurs. Im Rahmen der Unterrichtsplanung empfiehlt es sich, den zweiten Baustein als inhaltliche Grundlage für die sich anschließenden Bausteine zu betrachten. Ein motivischer Folgezusammenhang ergibt sich insbesondere für den dritten Baustein, in dem die sich immer stärker zuspitzende Liebe Aschenbachs zu Tadzio sowie die sich daraus ergebenden tiefgreifenden Konsequenzen für seine Person und sein Künstlertum beschrieben werden.

2.1 Beschreibung Gustav Aschenbachs

Die Beschreibung der Person Gustav Aschenbachs erfolgt im zweiten Kapitel in erster Linie über eine psychologische Charakterisierung. Das Aussehen Aschenbachs sowie Angaben zu den privaten Lebensumständen finden erst am Ende des Kapitels Platz.
Als ersten Schlüssel zur Identität Aschenbachs bietet Thomas Mann einen familienbiografischen Zugang an (sämtliche Belege finden sich auf S. 19): Väterlicherseits stammt Aschenbach aus einer in Schlesien beheimateten Familie von Staatsdienern: Der Vater bekleidete eine Position im höheren Justizdienst, andere Vorfahren standen als „Offiziere, Richter, Verwaltungsfunktionäre" „im Dienste des Königs, des Staates". Ihnen wird ein „straffes, anständig karges Leben" bescheinigt. Nimmt man noch die ebenfalls erwähnte „innere Geistigkeit" eines Geistlichen hinzu, ergibt sich das Bild einer von Sittenstrenge, persönlicher Bescheidenheit sowie Pflichtbewusstsein gegenüber der Obrigkeit dominierten Familientradition im Sinne der protestantischen Ethik. Allerdings mischen sich bei Aschenbach auch „Merkmale einer fremden Rasse" hinzu. Seine Mutter war die Tochter eines aus Böhmen stammenden „Kappellmeisters". Das aus dieser Linie zugeführte „raschere[…], sinnlichere[…] Blut" verdankt sich dem Beruf des Musikers ebenso wie der vitalen kulturellen Vergangenheit der Region Böhmens, die jahrhundertelang von einem fruchtbaren Nebeneinander von Deutschen und Tschechen geprägt wurde. Die „dunkleren" Seiten dieses Erbes deuten die von Aschenbach verdrängten unterbewussten Aspekte seines Seelenlebens an, die im weiteren Gang der Ereignisse zum Ausbruch kommen.
Eine solche „genealogische Symbolik" mag den heutigen Leser etwas befremden. Allerdings erklärt sich die Affinität Thomas Manns zu solchen Denkmustern, selbst wenn sie ironisch gemeint sein sollten, aus seiner eigenen Familiengeschichte. Seine Mutter Julia, als Kind deutscher Auswanderer in Brasilien geboren, bildete nämlich ein auffallendes Gegengewicht zur nüchtern-norddeutschen Kaufmannsart der Manns. Sie kümmerte sich besonders um die musikalische Erziehung ihrer Kinder und besaß zudem eine lebenslange Neigung zu südlicher Lebensart, was unter anderem zum Umzug der Familie Mann von Lübeck nach München führte.

Die Künstlernatur Aschenbachs ist seit seiner Jugend primär vom Verlangen nach Ruhm motiviert (vgl. S. 20). Zwischen den Zeilen darf man durchaus eine Andeutung persönlicher Eitelkeit lesen. Seine schriftstellerische Begabung und sein früher Erfolg lösen eine Erwartungshaltung des Publikums aus, der Aschenbach nur mit ständiger Bereitschaft zu außerordentlicher Leistung gerecht zu werden vermag (vgl. ebenda). Behindert wird diese aber durch seine schwache Konstitution, auf der auch sein Einzelgängertum fußt (vgl. S. 21). Gegen die widrigen Umstände setzt er das „Durchhalten" (vgl. ebenda): Um Literatur schaffen zu können, bedarf es einer großen Willensanstrengung sowie der alltäglichen Selbstdisziplin (vgl. S. 22). Das Sinnbild seiner Arbeit findet sich in der Figur des Heiligen Sebastian, der im Leiden Würde und Haltung bewahrt (vgl. S. 24).

Dieses von Aschenbach personifizierte und literarisch beschriebene heldenhafte Durchhalten gegen die eigene Schwäche sprach als Leser vor allem die „Moralisten der Leistung" (vgl. S. 25) an, die ihre eigene Schwäche durch Sehnsucht nach Heldentum kompensierten. Diese durchaus mit ironischem Unterton zu lesenden Ausführungen beinhalten ohne Zweifel einen zeitkritischen Impetus, ließen sich doch im späten Kaiserreich viele vom kraftmeierischen und kriegerischen Auftreten Kaiser Wilhelms II. mitreißen, welches freilich letztlich nur eine Kompensation des kaiserlichen Minderwertigkeitskomplexes darstellte. Aus dem Geschichtsunterricht verfügen die Schülerinnen und Schüler in der Regel über ausreichendes Grundwissen, um die Anspielungen Thomas Manns korrekt einordnen zu können.

Zu dieser eben beschriebenen Charakterisierung Aschenbachs wird im Folgenden ein zusammenhängendes Tafelbild erarbeitet. Zum Zwecke der thematischen Hinführung sollte zunächst im Unterricht der zweite Teil der Seite 19 wiederholend gelesen werden. Die Leitfrage könnte lauten:

> ■ *Stellen Sie die beiden unterschiedlichen familiären Einflüsse auf Aschenbach zusammen. Welche Charaktereigenschaften lassen sich jeweils assoziieren (Textgrundlage: S. 19)?*

Als mögliche Assoziationen sind von Schülerseite folgende Antworten zu erwarten:

Väterlicherseits: Beamten- und Offiziersfamilie
→ streng, ehrlich, treu, pflichtbewusst, loyal, obrigkeitshörig, genügsam, ...

Mütterlicherseits: Musikerfamilie
→ lebhaft, fantasievoll, sinnlich, leidenschaftlich, zum Irrationalen tendierend ...

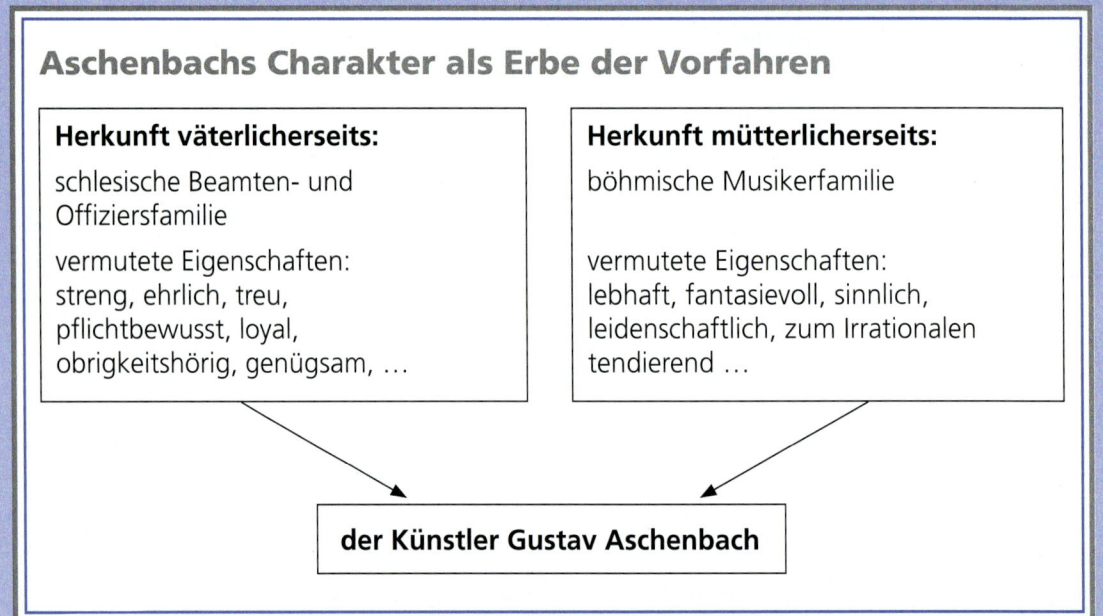

In einem weiteren Arbeitsschritt werden die eigentlichen Charaktereigenschaften des Schriftstellers in ihren wechselseitigen Beziehungen zusammengetragen:

- *Erklären Sie auf Grundlage der S. 18–25, welche Charaktereigenschaften Aschenbach auszeichnen, und machen Sie den Zusammenhang mit der Figur des Heiligen Sebastian deutlich.*

Ergänzend kann dann noch der Bogen zu den Lesern Aschenbachs sowie zu den historischen Umständen gespannt werden.

- *Ergründen Sie mithilfe der S. 25 möglichst genau, worauf die Attraktivität Aschenbachs für seine zeitgenössischen Leser beruhte.*

Aus der Summe der beiden Arbeitsschritte ergibt sich in etwa das folgende Schaubild:

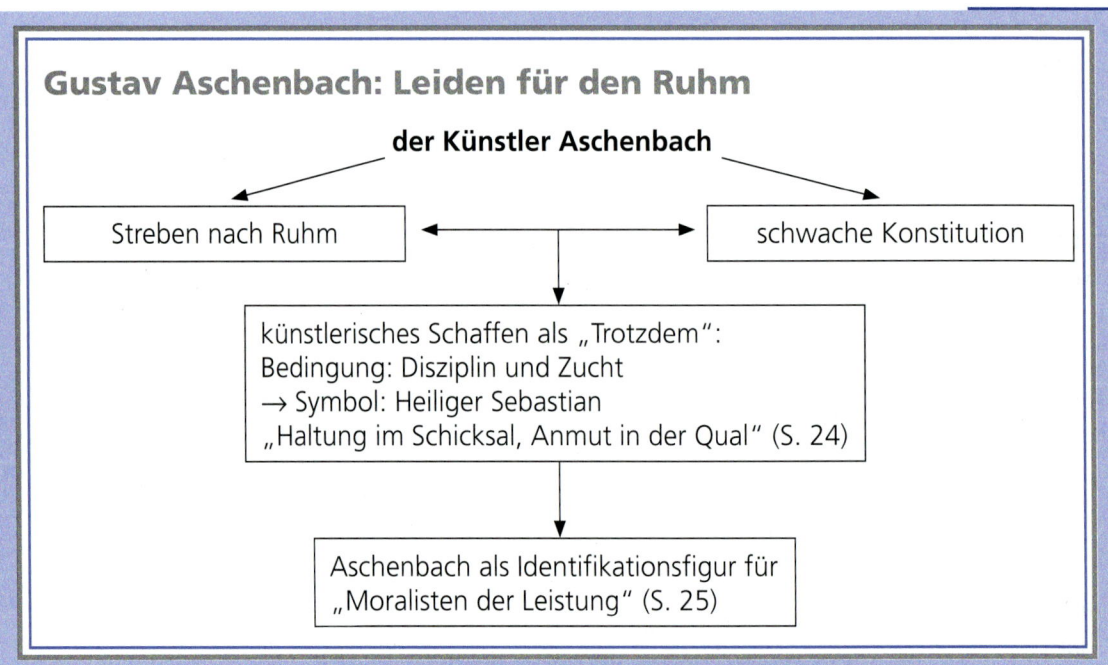

Alternatives Vorgehen:

Die Charakterisierung Aschenbachs lässt sich auch aus der Gleichsetzung von Aschenbach und dem Heiligen Sebastian entwickeln. Der christlichen Tradition nach wurde der zum Christentum bekehrte römische Soldat Sebastian von Kaiser Diokletian zum Tode verurteilt und durch Bogenschützen hingerichtet. Zwar überlebte Sebastian, nach einem weiteren öffentlichen Bekenntnis zu seinem Glauben wurde er jedoch endgültig getötet. Der Märtyrer gilt unter anderem als der Schutzheilige der Sterbenden, der Soldaten und Kriegsinvaliden und schützt vor Seuchen. Zur visuellen Überlieferung der christlichen Heiligenlegende haben seit dem frühen Mittelalter zahlreiche prominente Künstler beigetragen, beispielsweise Matthias Grünewald oder auch Andrea Mantegna. Am häufigsten wurde dabei das Motiv des von Pfeilen durchbohrten, aber glaubensfesten Heiligen realisiert.

Zunächst wird den Schülerinnen und Schülern eine Skulptur des Heiligen präsentiert, die im 16. Jahrhundert vom Bildhauer Alessandro Vittoria für eine venezianische Kirche geschaffen wurde (siehe **Arbeitsblatt 6**, S. 47). Die Annahme erscheint nicht unwahrscheinlich, dass Thomas Mann dieses Werk im Rahmen seines eigenen Venedigurlaubs im Jahr 1911 kennenlernte und es als Anregung für seine Beschreibung des Heiligen nahm. Die Schülerinnen und Schüler aktivieren sodann ihr Wissen über den heiligen Sebastian. Darauf aufbauend sollen sie Haltung und Ausdruck der Figur deuten und anschließend Parallelen zum Wesen Aschenbachs herstellen.

> ■ *Sammeln Sie zunächst Ihr Vorwissen über den Heiligen Sebastian, gegebenenfalls mithilfe eines Heiligenlexikons. Deuten Sie anschließend Aussehen und Haltung der dargestellten Figur und stellen Sie Bezüge zu Gustav Aschenbach her.*

In einem weiteren Schritt wird gemeinsam die einschlägige Textstelle in der Novelle (S. 24) gelesen und in das Unterrichtsgespräch mit einbezogen.

Selbstverständlich eignet sich für diese Unterrichtsvariante ebenfalls das oben skizzierte Tafelbild, die Reihenfolge müsste allerdings entsprechend umgestellt werden. Je nach beabsichtigter Gewichtung der Sebastian-Figur ist es außerdem ohne Weiteres möglich, in einem Kurzreferat die Tradition der Sebastian-Darstellungen in der abendländischen Kunst vorstellen zu lassen. Dadurch könnte den Schülerinnen und Schülern verdeutlicht werden, dass sich auch der Autor Thomas Mann in einem über Jahrhunderte gewachsenen kulturellen Kontext bewegt, den er zwar durchaus befragt bzw. ironisiert, der aber dennoch den unerlässlichen Bezugsrahmen für sein literarisches Schaffen darstellt.

Als Abschluss der Beschäftigung mit der Beschreibung Aschenbachs im 2. Kapitel sollte auch sein Aussehen thematisiert werden. Es ist bekannt, dass Thomas Mann zur Beschreibung seiner Novellenfigur den Komponisten Gustav Mahler (1860–1911) als Vorbild heranzog. Die Nachricht vom Tode des von ihm hochverehrten Musikers erreichte Thomas Mann während seines Venedigurlaubs im Sommer 1911. Beeindruckt lieh Mann seiner Figur nicht nur den Vornamen Mahlers, sondern auch dessen böhmische Abstammung sowie den musikalischen Bezug. Außerdem befindet sich in den privaten Arbeitsnotizen Manns zum „Tod in Venedig" ein Zeitungsbild Mahlers, das sich auf dem **Arbeitsblatt 7**, S. 48 findet.

Als Erstes sollten die Schülerinnen und Schüler mithilfe der Fotografie äußere Parallelen zwischen Mahler und Aschenbach erarbeiten.

> ■ *Das im Nachlass Thomas Manns aufgefundene Foto zeigt den von ihm besonders verehrten Komponisten Gustav Mahler. Vergleichen Sie das Aussehen des Künstlers mit der Beschreibung Gustav Aschenbachs auf den Seiten 29–30.*

Dann wird die in der Novelle vorgenommene Beschreibung Aschenbachs in Bezug zu seinem Charakter gesetzt.

Baustein 2: Der Mensch und Künstler Aschenbach

- *Wählen Sie aus den Seiten 29–30 markante äußere Merkmale aus, die sich in einen sinnvollen Bezug zu Aschenbachs innerem Wesen setzen lassen.*

Das gemeinsam zu erarbeitende Tafelbild könnte folgendermaßen strukturiert werden:

Aschenbachs Gesicht – ein Spiegel seiner Seele?

Äußeres Merkmal Aschenbachs	Bezug auf das innere Wesen
zu großer Kopf, zierliche Gestalt	„Kopflastigkeit", Überbetonung des Geistigen
„zerklüftete", narbenartige Stirn	Spuren des alltäglichen Kampfes gegen sich selbst
Brille schneidet in edle Nase ein	Symbol der Intellektualität zerstört natürliche Schönheit
magere, gefurchte Wangen	asketisches Leben
weiches Doppelkinn	feiste Verweichlichung; evtl. seelische Gespaltenheit, also Ambivalenz von Disziplin und Begierden
seitwärts geneigtes Haupt	hoher Leidensdruck
schlaffer Mund, müde Augen	Verlust an innerer Energie
gespannter Mund	Angespanntheit, Überreiztheit

Fazit:

Die hohe Beanspruchung durch den intensiven geistigen Lebenswandel hinterlässt tiefe Spuren in Aschenbachs Gesicht.

2.2 Aschenbachs Künstlertum

Die Künstlerbiografie Aschenbachs umfasst eine Entwicklung, die in der Novelle schlagwortartig als „Aufstieg zur Würde" (S. 25) bezeichnet wird. Als junger Autor verstößt Aschenbach mehrfach gegen die gesellschaftliche Konvention und erregt durch seine „Missgriffe" (ebenda) wiederholt öffentliches Aufsehen. Zudem gilt er als „problematisch" (S. 26): Seine Werke schreibt er offenbar mit dem Impetus des ironischen Zweiflers, der um der „Erkenntnis" (ebenda) willen bestehende Werte radikal befragt und in seinem unbedingten Anspruch auch das Wesen der Kunst beziehungsweise die Aufgabe des Künstlers auf zynische Weise in Zweifel zieht (vgl. ebenda).

Der Beginn der Reifezeit Aschenbachs jedoch markiert das Ende seiner Suche nach tieferer Erkenntnis und damit der Abkehr vom „Psychologismus der Zeit" (ebenda) ebenso wie vom „moralischen Zweifelsinn" (S. 27). Damit dürfte in etwa folgender Überzeugungswandel gemeint sein: Statt weiter die Ambivalenzen der menschlichen Identität entlarven zu wollen und damit auch die Möglichkeit echter Moralität in Abrede zu stellen, geht es Aschenbach fortan um „moralische Entschlossenheit, jenseits des Wissens, der auflösenden und hemmenden Erkenntnis" (ebenda). Die Stilisierung einer unanfechtbaren „Würde und Strenge" (ebenda) in seiner Person und in seinen Werken bezahlt Aschenbach also mit der Rückkehr zu einer naiv anmutenden, unkritischen Geisteshaltung. Dem entspricht seine formale Hinwendung zum zeitlosen ästhetischen Ideal klassischer Schönheit, die charakterisiert ist durch „adelige Reinheit, Einfachheit und Ebenmäßigkeit der Formgebung" (ebenda). Damit repräsentiert das Werk Aschenbachs das „Mustergültig-Feststehende" (S. 28–29), das deshalb auch Einzug in die Schulbücher findet (vgl. S. 9) und für das dem Künstler höchste gesellschaftliche Anerkennung in Gestalt des Adelstitels zuteil wird (vgl. ebenda).

Der Erzähler der Novelle wiederum kommentiert diesen Werdegang seiner Hauptfigur mit durchaus negativen Bewertungen. So sieht er in Aschenbachs Proklamation einer von der Erkenntnis losgelösten Moral „eine sittliche Vereinfältigung der Welt" (S. 27) und hinter seiner Verneigung vor der äußeren Form „moralische Gleichgültigkeit" (S. 28). Den Aufstieg Aschenbachs bezeichnet er als „Selbstgestaltung des Talentes" (ebenda), also als bewusste Selbstinszenierung mit dem Ziel der gesellschaftlichen Karriere. Hinter diesen Zeilen darf ohne Weiteres eine gewisse Selbstironie des Autors angenommen werden: Auch Thomas Mann selbst fand bekanntlich nach jungen Anfängen als offen gesellschaftskritischer Dichter zu einem klassisch anmutenden Stil und zu einem Leben voll bürgerlicher Repräsentanz. Dagegen wurden nicht in dieses Bild passende, abseitige Faktoren, beispielsweise seine homosexuellen Neigungen, auf das Feld der literarischen Fantasie verdrängt.

Eine erste Annäherung der Schülerinnen und Schüler an die künstlerische Entwicklung Aschenbachs kann über seine im zweiten Kapitel genannten Werke erfolgen. Die kurzen Beschreibungen im Text lassen bereits eine gewisse Charakterisierung der „klassischen Schaffensperiode" zu. Als Einstieg bietet sich folgende Formulierung für eine Partnerarbeit an:

> ■ *Stellen Sie einen kurzen Überblick über die Werke Aschenbachs zusammen (S. 18–19) und äußern Sie Mutmaßungen über deren Inhalt.*

Folgende Aussagen können erwartet werden:

Im Text werden vier Werke Aschenbachs konkret angesprochen:
- eine „klare und mächtige" (S. 18) Prosaerzählung über Friedrich von Preußen: offenbar eine wohlwollende Biografie des als asketisch und pflichtbewusst in die historische Erinnerung eingegangenen Herrschers;
- „Maja": „Romanteppich" (S. 18), gewoben aus zahlreichen menschlichen Einzelschicksalen, zusammengehalten durch eine „Idee" (S. 18), also durch die Annahme eines allgemeingültigen, sinnstiftenden Prinzips;
- „Ein Elender": Erzählung, die den Willen zur Sittlichkeit unter Verzicht auf vertiefte Einsichten in grundlegende Wahrheiten der menschlichen Existenz proklamiert;
- „Geist und Kunst": kunsttheoretische Abhandlung von klassischem Rang; Formulierung „antithetische Beredsamkeit": Verweis auf das gegenseitige Sichausschließen von Geist und Kunst im Denken des reifen Aschenbachs.

Die Schülerinnen und Schüler können im Unterrichtsgespräch zumindest einige der relevanten Aspekte in einen direkten Verstehenszusammenhang mit den ihnen bereits bekannten Charakterzügen Aschenbachs bringen. In dem Werkkatalog spiegeln sich im Übrigen auch eigene Vorhaben von Thomas Mann. So plante dieser ebenfalls eine Biografie über den Preußen-Friedrich und eine Erzählung mit dem Titel „Das Elende".

Nach erfolgter Annäherung an die Problematik schließt sich die systematische Erarbeitung der biografischen Entwicklung der Hauptfigur an. Folgender Arbeitsauftrag kann sowohl in Stillarbeit als auch in Partner- oder Gruppenarbeit umgesetzt werden:

> ■ *Erarbeiten Sie aus dem Text (S. 25–28) die künstlerische Entwicklung Aschenbachs. Berücksichtigen Sie dabei die Motive für diesen Wandel.*

Baustein 2: Der Mensch und Künstler Aschenbach

 Die zusammengetragenen Textinformationen werden anschließend in strukturierter Form an der Tafel zusammengefasst:

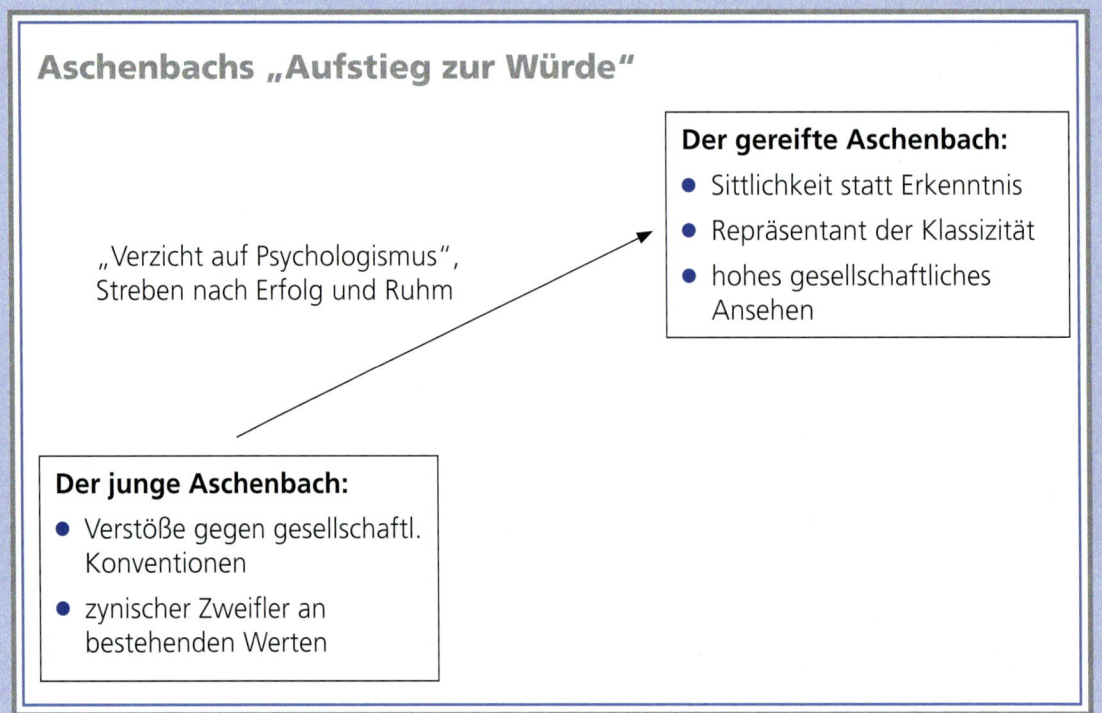

Thomas Mann gestaltet seine Figur Aschenbach keineswegs losgelöst vom realen literaturhistorischen Hintergrund der Jahrhundertwende. Vielmehr repräsentiert Aschenbach in einer Person den Konflikt zwischen der unter den zeitgenössischen Schriftstellern weitverbreiteten „Fin-de-Siècle"-Stimmung und der „Neuklassik", die sich um eine Bewahrung des klassischen Kunstideals in Inhalt und Form bemühte. Zur Erarbeitung dieser literaturgeschichtlichen Bezüge bietet sich das **Arbeitsblatt 8**, S. 49 an. Die Schülerinnen und Schüler sollen sich anhand des Textes das Panorama der deutschen Literatur um 1900 erarbeiten und einen Zusammenhang zum zweiten Kapitel der Novelle herstellen.

Sie können ihr erworbenes Wissen über den Werdegang Aschenbachs auch in Form eines kreativen Schreibauftrags sichern beziehungsweise vertiefen:

■ *Stellen Sie die Künstlerbiografie Gustav Aschenbachs in einem Lexikonbeitrag für das „Große Lexikon der deutschen Literatur" vor. Als Grundlage dienen die im Unterricht erarbeiteten Informationen.*

2.3 Gustav Aschenbach und Thomas Mann

Über den Realitätsgehalt in seiner Novelle äußerte Thomas Mann einmal, dass in seiner Novelle nichts erfunden sei. Tatsächlich nahm er die meisten Anleihen für die Figur Aschenbach bei seinem eigenen Leben. Auf biografische und künstlerische Parallelen wurde schon weiter oben hingewiesen. Als weitere, unmittelbare Anregung für die Novelle kommt außerdem eine tatsächlich nach Venedig unternommene Reise hinzu, die Thomas Mann im Jahre 1911 in Begleitung seiner Frau Katia sowie seines Bruders Heinrich unternahm. Im Zusammenhang mit diesem Urlaub drängen sich markante Parallelen zur Novelle auf. So hatte die Familie ihren Urlaub auf der Insel Brioni vor der Küste Istriens begonnen, dieser war aber dann Richtung Venedig fortgesetzt worden. Dort wollte man eigentlich angesichts des schwülen Wetters bald wieder abreisen, was allerdings an einem falsch versandten Koffer scheiterte. Außerdem traf Thomas Mann in seinem Hotel in Venedig Władysław Moes, einen polnischen Knaben adliger Herkunft, der zum direkten Vorbild für die Figur des Tadzio wurde.

Um die Schülerinnen und Schüler für die Parallelen zwischen Thomas Mann und seiner Kunstfigur zu interessieren, bietet sich als Einstieg ein Auszug aus seiner anlässlich der Nobelpreisverleihung von 1929 gehaltenen Rede an, in der er seine große Verbundenheit mit der Person des Heiligen Sebastian offenbarte (als Kopiervorlage auf **Arbeitsblatt 9**, S. 51): „Ich bin kein Katholik, meine Herren und Damen, meine Überlieferung ist […] die protestantische Gottesunmittelbarkeit. Dennoch habe ich einen Lieblingsheiligen. Ich will Ihnen seinen Namen nennen, es ist der Heilige Sebastian – Sie wissen, jener Jüngling am Pfahl, den Schwerter und Pfeile von allen Seiten durchdringen und der in Qualen lächelt. Anmut in der Qual – dies Heldentum ist es, das Sankt Sebastian symbolisiert." [In: Thomas Mann, Reden und Aufsätze 3, Frankfurt a. Main ²1974, S. 409–410 (= Gesammelte Werke, Band XI)]

> ■ *Beschreiben Sie mit eigenen Worten, warum Thomas Mann Sebastian als seinen Lieblingsheiligen bezeichnet.*

Als ersten Problematisierungsschritt werden die Schülerinnen und Schüler anschließend mit folgender Äußerung Thomas Manns aus dem Jahr 1930 konfrontiert (als Kopiervorlage auf **Arbeitsblatt 10**, S. 52):

„[Es] ist im ‚Tod in Venedig' nichts erfunden: Der Wanderer am Münchener Nordfriedhof, das düstere Polesaner Schiff, der greise Geck, der verdächtige Gondolier, Tadzio und die Seinen, die durch Gepäcksverwechslung missglückte Abreise, die Cholera, der ehrliche Clerc im Reisebüro, der bösartige Bänkelsänger oder was sonst anzuführen wäre – alles war gegeben, war eigentlich nur einzustellen und erwies dabei aufs Verwunderlichste seine kompositionelle Deutungsfähigkeit."

(Aus: Wysling, Hans (Hrsg.): Dichter über ihre Dichtungen, Band 14: Thomas Mann, Teilband I: 1889–1917, Zürich u. a. 1975, S. 433–434)

> ■ *Überlegen Sie, welchen Rückschluss das Zitat auf die Inspirationsquellen zulässt, die Thomas Mann bei der Ausarbeitung seiner Novelle heranzieht.*

Im Anschluss kann die Lehrkraft der Klasse knapp die biografischen Wurzeln des Novellengeschehens referieren oder die einschlägigen Erinnerungen Katia Manns (siehe **Zusatzmaterial 2**, S. 109) in den Unterricht mit einbeziehen. In diesem Text geht die Verfasserin auch auf den polnischen Knaben Władysław Moes ein. Als Illustration kann die Darstellung im **Zusatzmaterial 3**, S. 110 dienen.

Als sehr aufschlussreich dürfte sich zudem ein anschließend durchzuführender Charaktervergleich zwischen Thomas Mann und Gustav Aschenbach gestalten. Zu diesem Zweck bietet sich folgende kombinierte Bild- und Textarbeit an:

In der Artikelserie „Meine Bilder", verfasst für die „Frankfurter Allgemeine Sonntagszeitung", nahm der bekannte deutsche Literaturkritiker Marcel Reich-Ranicki ein von Max Liebermann (1847–1935) gezeichnetes Porträtbild Thomas Manns zum Anlass für grundlegende Beobachtungen zur Persönlichkeit des Schriftstellers. Im Mittelpunkt steht der Kontrast zwischen der öffentlichen Zelebrierung Thomas Manns als Künstler der Klassizität und des deutschen Bürgertums einerseits und seinem teilweise von Widersprüchen und Verdrängungen geprägten Charakter andererseits. Dieser Kontrast zeichnet ja auch die innere Problematik Gustav Aschenbachs aus. Im Zusammenhang mit dem Text können die Schülerinnen und

Schüler zugleich das Genre des Künstlerporträts als Teil einer bewusst gestalteten Selbstdarstellung begreifen.

Eingangs sollte das Porträt des Berliner Malers Liebermann auf Folie präsentiert werden (**Arbeitsblatt 11**, S. 53). Ausgehend vom Bild sollen die Schülerinnen und Schüler ihre Eindrücke von der gezeichneten Person artikulieren. Die zu erwartende Charakterisierung wird auf Attribute wie beispielsweise „streng", „distanziert", „würdevoll" oder auch „ernst" hinauslaufen. Während der darauffolgenden Textarbeit sollte das Bild als visueller Bezugspunkt der Aussagen Reich-Ranickis (**Arbeitsblatt 12**, S. 54) aufgelegt bleiben. Folgender Arbeitsauftrag bietet sich an:

■ *Erarbeiten Sie die Hauptaussagen des Texts zum Thomas-Mann-Bild. Stellen Sie außerdem einen Zusammenhang mit dem Porträt von Max Liebermann her.*

Die Ergebnisse werden gemeinsam besprochen. Die Textanalyse eignet sich im Übrigen auch als Hausaufgabe.

Das Thema der bewussten Stilisierung Manns kann durch den Einbezug der bekannten Fotografie, die aus dem Jahr 1916 stammt und Thomas Mann an seinem Schreibtisch zeigt, nochmals vertieft werden (**Arbeitsblatt 13**, S. 56).

■ *Das Foto zeigt Thomas Mann 1916 in seinem Arbeitszimmer. Beschreiben Sie, wie er sich dem Fotografen präsentiert, und stellen Sie einen Bezug zu den Aussagen Reich-Ranickis her.*

Auf dieser Abbildung erscheint Thomas Mann als distanzierter, ernster Intellektueller und würdevoller Großbürger. Weiß man jedoch um die innere Verletzbarkeit Manns, so wird der Inszenierungscharakter des Bildes offenbar. Die Wirkung des Bildes beruht in erster Linie auf den Requisiten der Bürgerlichkeit: der korrekt sitzende Anzug sowie der Schreibtisch als Ort geistiger Arbeit.

Notizen

Der Heilige Sebastian

Skulptur von Alessandro Vittoria (1525–1608): „San Sebastino", geschaffen 1561–1562, Altarbild in der gleichnamigen Kirche in Venedig

■ *Sammeln Sie zunächst Ihr Vorwissen über den Heiligen Sebastian, gegebenenfalls mithilfe eines Heiligenlexikons. Deuten Sie anschließend Aussehen und Haltung der dargestellten Figur und stellen Sie Bezüge zu Gustav Aschenbach her.*

Fotografie Gustav Mahlers

Gustav Mahler, 1860–1911

■ *Das im Nachlass Thomas Manns aufgefundene Foto zeigt den von ihm besonders verehrten Komponisten Gustav Mahler. Vergleichen Sie das Aussehen des Künstlers mit der Beschreibung Gustav Aschenbachs auf den Seiten 29–30.*

Literarische Strömungen zu Beginn des zwanzigsten Jahrhunderts

Bis in die 1890er-Jahre hinein wurde die deutsche Literaturlandschaft vom **Naturalismus** dominiert, mit dem man Namen wie Arno Holz, Gerhard Hauptmann oder auch Johannes Schlaf verbindet. Die von diesen Autoren verfolgte Hauptabsicht bestand in einer möglichst präzisen Abbildung der Realität mit den Mitteln der Kunst. Dem theoretischen Anspruch wohnte zugleich eine betont gesellschaftskritische Dimension inne: Naturalistische Prosatexte und Theaterstücke gerieten häufig zu einer schonungslosen Anklage der in der Gesellschaft des Kaiserreichs herrschenden Missstände.

Mit der Wende zum zwanzigsten Jahrhundert allerdings vollzog sich im literarischen Europa eine generelle Abwendung vom naturalistischen Paradigma. Die in der jüngeren Schriftstellergeneration verbreitete Unzufriedenheit mit der naturalistischen Ästhetik ließ ein tiefes Bedürfnis nach gegenläufigen Ideen und Formen entstehen. Auf diese Weise bildete sich ein **Pluralismus** teils miteinander verwobener, teils in scharfer Konkurrenz zueinander stehender literarischer Positionen, Stile und Programme heraus.

Die Vertreter der **Neuromantik** vertraten eine vom idealisierten Mittelalterbild der Romantik inspirierte Weltsicht, der zufolge auch geheimnisvolle Ereignisse, Wunder und Magie literaturwürdig waren. Damit verwarfen Autoren wie der frühe Hermann Hesse oder auch die Balladendichterin Agnes Miegel konsequent die auf das rational Erfassbare beschränkte Weltsicht des wissenschaftlichen Realismus.

Eine noch radikalere Haltung zur Wirklichkeit vertrat der **Symbolismus**, maßgeblich repräsentiert von Stefan George. In dessen Augen stellte die Lyrik eine Ausdrucksmöglichkeit für eigentlich nicht verbalisierbare Wesenheiten jenseits der empirisch erfahrbaren Realität dar. Sein elitärer Dichterzirkel beschwor deshalb ein der Wirklichkeit und den davon abhängigen Anschauungen völlig enthobenes Reich des Schönen.

Der **Impressionismus** wiederum, dessen leitende Ideen aus der Malerei übernommen wurden, wollte die Umwelt nicht gegenständlich beschreiben, sondern subjektive Momenteindrücke festhalten. Davon beeinflusste Schriftsteller, allen voran Hugo von Hofmannsthal oder Detlev von Liliencron, bereiteten so den Weg für die expressive Artikulation emotionaler Innerlichkeit im Expressionismus.

Die Abkehr vom Naturalismus wurde freilich nicht nur durch die Infragestellung des naturalistischen Wirklichkeitsbegriffs motiviert. Darüber hinaus brach sich in einigen literarischen Tendenzen auch ein tief empfundenes **Krisengefühl** Bahn, das für das geistige Leben Europas der Jahrhundertwende aus vielerlei Gründen prägend war.

Die Zweifel am weiteren Fortbestand der überkommenen Ordnung wurden zunächst einmal durch die politische Entwicklung genährt: Seit 1900 zog zunehmend der bedrohliche Schatten des militanten Nationalismus über dem Kontinent auf. Als besonders anfällig erwies sich dabei die österreichisch-ungarische Doppelmonarchie, deren schwerfällige übernationale Organisationsform durch die nationalistischen Bewegungen der zahlreichen Völkerschaften des Reichs im Kern erschüttert wurde. Wien, die Hauptstadt des Vielvölkerstaates, war aber nicht nur aus politischen Gründen eines der Zentren der Untergangsstimmung: Hinzu traten zivilisatorische Auflösungserscheinungen, die in der innerlich maroden k.u.k.-Monarchie besonders intensiv zu greifen waren. So entfaltete Sigmund Freud in Wien seine Theorie der Psychoanalyse, der zufolge unter der dünnen Oberfläche des menschlichen Bewusstseins ein Potenzial triebhafter Seelenkräfte vorhanden ist, das jederzeit zum Ausbruch kommen kann. In der Existenz dieser irrationalen Elemente, die sich laut Freud einer Beherrschbarkeit durch das „Ich" entzogen, manifestierte sich die Erosion der im europäischen Abendland verankerten Idee einer freien, selbstverantworteten Persönlichkeit. Der ebenfalls aus dem Habsburgerreich stammende Rainer Maria Rilke bewegte sich auf ähnlich psychologisierenden Bahnen, wenn er in den „Aufzeichnungen des Malte Laurids Brigge" die fortschreitende Ich-Dissoziation der Hauptfigur beschreibt. Der Wiener Hofmannsthal wiederum artikulierte in seinem „Chandos-Brief" seine grundsätzliche Verzweiflung an der Ausdrucksfähigkeit der menschlichen Sprache. Insgesamt lässt sich festhalten, dass in weiten Kreisen der europäischen Intellektuellen die Erwartung vorherrschte, das alte Europa habe sich überlebt und müsse seines baldigen Zusammenbruchs gewärtig sein.

Die Literatur griff diese Rede vom Ende des europäischen Bürgertums unter dem Schlagwort des „**Fin de Siècle**" auf. Der wichtigste Leitbegriff dieses Niedergangs wurde schon von den Zeitgenossen in der „**Dekadenz**" gesehen, mit der man eine kulturelle Atmosphäre der inneren Müdigkeit, des Verfalls sowie der melancholischen Todessehnsucht assoziierte. Literarisch verarbeitet wird diese Dekadenzerfahrung zum Beispiel in den Werken Arthur von Schnitzlers oder Stefan Zweigs.

Dieser Verfall der bürgerlichen Identität wurde jedoch nicht von allen Literaten widerstandslos hingenommen: Die **Neuklassik** versuchte in ausdrücklicher Abgrenzung zum „Fin de Siècle" eine Renaissance des Kunstideals der Klassik und der damit eng verknüpften bürgerlichen Identität. Heutzutage eher unbekannte Autoren wie Paul Ernst, der seine Vorstellungen zu Beginn des zwanzigsten Jahrhunderts unter dem Titel „Der Weg zur Form" präzisiert hatte, oder auch der wegen seiner antisemitischen Tendenzen heutzutage umstrittene Wilhelm von Scholz schufen Werke, die einer vorbildlichen äußeren Form ebenso verpflichtet waren wie auch der Bewahrung eines geschlossenen bürgerlichen Weltbilds. Allerdings blieben diese Wiederbelebungsversuche der Klassik letztlich ohne nachhaltige Wirkung auf die weitere literarische Entwicklung in Deutschland.

Claudia Müller-Völkl, Michael Völkl

■ *Grenzen Sie die unterschiedlichen Strömungen in der deutschsprachigen Literatur um 1900 voneinander ab und ordnen Sie die künstlerische Entwicklung Aschenbachs in dieses Panorama ein.*

Auszug aus der Nobelpreisrede Thomas Manns

Ich bin kein Katholik, meine Herren und Damen, meine Überlieferung ist […] die protestantische Gottesunmittelbarkeit. Dennoch habe ich einen Lieblingsheiligen. Ich will Ihnen seinen Namen nennen, es ist der Heilige Sebastian – Sie wissen, jener Jüngling am Pfahl, den Schwerter und Pfeile von allen Seiten durchdringen und der in Qualen lächelt. Anmut in der Qual – dies Heldentum ist es, das Sankt Sebastian symbolisiert.

Aus: Thomas Mann: Gesammelte Werke in dreizehn Bänden. Band XI. Reden und Aufsätze 3. © S. Fischer Verlag GmbH, Frankfurt am Main, 1960, 1974

■ *Beschreiben Sie mit eigenen Worten, warum Thomas Mann Sebastian als seinen Lieblingsheiligen bezeichnet.*

Festakt zur Nobelpreisverleihung Stockholm 1929

Zitat von Thomas Mann zu seiner Novelle

[Es] ist im ‚Tod in Venedig' nichts erfunden: Der Wanderer am Münchener Nordfriedhof, das düstere Polesaner Schiff, der greise Geck, der verdächtige Gondolier, Tadzio und die Seinen, die durch Gepäckverwechslung missglückte Abreise, die Cholera, der ehrliche Clerc im Reisebüro, der bösartige Bänkelsänger oder was sonst anzuführen wäre – alles war gegeben, war eigentlich
5 nur einzustellen und erwies dabei aufs Verwunderlichste seine kompositionelle Deutungsfähigkeit.

Aus: Thomas Mann: Gesammelte Werke in dreizehn Bänden. Band XI. Reden und Aufsätze 3. © S. Fischer Verlag GmbH, Frankfurt am Main, 1960, 1974

„Polesaner Schiff" = Schiff aus Pola bzw. Pula
Clerc = Angestellter im Kaufmannswesen

■ *Überlegen Sie, welchen Rückschluss das Zitat auf die Inspirationsquellen zulässt, die Thomas Mann bei der Ausarbeitung seiner Novelle heranzieht.*

Porträt Thomas Manns

Thomas Mann – Porträt von Max Liebermann (1925)

■ *Artikulieren Sie die Eindrücke, die Ihnen das Porträt vom gezeichneten Thomas Mann vermittelt.*

Marcel Reich-Ranicki: Thomas Mann. Gezeichnet von Max Liebermann

Von dem Schriftsteller Gustav Aschenbach, der im Mittelpunkt der Novelle „Der Tod in Venedig" steht und der so auffallend ihrem Autor, Thomas Mann, ähnelt, heißt es einmal, er habe gelernt, „von seinem
5 Schreibtisch aus zu repräsentieren, seinen Ruhm zu verwalten, in einem Briefsatz, der kurz sein musste (denn viele Ansprüche dringen auf den Erfolgreichen, den Vertrauenswürdigen ein), gütig und bedeutend zu sein".
10 Die Novelle stammt aus dem Jahre 1912, Thomas Mann war damals erst 37 Jahre alt. Gleichwohl kann man die Äußerung über Aschenbach auch auf Thomas Mann selber beziehen, zumal derartige Gedanken nicht selten in seiner Korrespondenz aus jenen
15 Jahren auftauchen. So schreibt er 1916 in einem Brief, dass er das Verhängnis Deutschlands „längst in meinem Bruder und mir symbolisiert und personifiziert sehe". Was sich damals schon unmissverständlich ankündigte, kam in der Zeit der Weimarer Repu-
20 blik vollends zum Vorschein: Thomas Mann war überzeugt, den deutschen Geist im umfassendsten Sinne zu verkörpern und zusammen mit seinem eigenen Ruhm auch jenen der Nation zu verwalten.
Er mag diese Repräsentanz bisweilen als Last empfun-
25 den haben, doch viel häufiger verstand er sie als grandiose Auszeichnung und stolze Lebensaufgabe. Dies hat vielerlei geprägt – seinen Habitus und seinen Daseinsstil ebenso wie zahlreiche Reden und Aufsätze und einen großen Teil seines Briefwechsels, letztlich
30 seine ganze Existenz. Sogar in den Briefen an die nächsten Angehörigen, etwa an den Bruder Heinrich und an die Tochter Erika, scheint er die nationale und epochale Rolle, die er virtuos zu spielen wusste, nie ganz vergessen zu wollen oder zu können.
35 So fühlte sich Thomas Mann, wie er es seinem Geschöpf Gustav Aschenbach mit leiser Ironie nachgesagt hatte, verpflichtet, womöglich immer „gütig und bedeutend zu sein". Es liegt nahe, sich darüber lustig zu machen. Aber ihm dies verübeln, hieße bedauern,
40 dass er Hunderte, wenn nicht vielleicht Tausende von Briefen verfasst hat, die, ähnlich wie Goethes Korrespondenz, ein wesentlicher Teil seines Werks sind und zum Besten gehören, was in deutscher Sprache geschrieben wurde – jedenfalls im zwanzigsten Jahr-
45 hundert.
Doch hatte dies alles gleichzeitig zur Folge, was sich wohl gar nicht verhindern ließ: Indem Thomas Mann stets aufs Neue den Klassiker und den Olympier, den genialen Zeitgenossen und den bürgerlichen Dichter-
50 fürsten akzentuierte, indem er den souveränen Repräsentanten der deutschen Nation und der europäischen Kultur unermüdlich ins Blickfeld rückte, suggerierte er seiner Leserschaft ein feierliches, ein überaus würdevolles Bild seiner Persönlichkeit.
Die Umrisse dieses Bildes schienen schon erstarrt: 55 Während man aus Kafka – etwa in den Sechziger- und noch in den Siebzigerjahren – ein Mysterium gemacht hat, wurde aus Thomas Mann ein Monument. Während jenen die Dunkelheit gefährdete, bedrohte diesen das Museale – und es war schwer zu entschei- 60 den, was denn schlimmer sei. Sicher ist, abgestempelt wurden sie beide: Kafka als der Meister der Moderne und Thomas Mann (man hat es inzwischen vergessen) als der Erzähler einer vergangenen Epoche, wenn nicht als ein ganz und gar altmodischer Schriftsteller. 65
Von manchen unserer Autoren wurde er systematisch belächelt und auf leichtsinnige Weise in den Hintergrund gedrängt.
Das läppische Gesellschaftsspiel, Kafka gegen Thomas Mann ins Feld zu führen, ist glücklicherweise 70 längst vorbei. Die Position beider hat sich geändert. So habe ich den Eindruck, als sei der enorme und durchaus berechtigte Nachruhm Kafkas mittlerweile ein wenig verblasst, während sich andererseits die Rolle Thomas Manns im literarischen Leben und da- 75 rüber hinaus im öffentlichen Bewusstsein zu seinen Gunsten verschoben, also deutlich vergrößert hat.
Das haben, wie immer in solchen Fällen, unterschiedliche Umstände erwirkt. Der wichtigste: die 1995 begonnene und 1997 abgeschlossene, zehnbändige 80 Ausgabe seiner Tagebücher. Sie überrascht alle, einschließlich der gründlichsten und vorzüglichsten Kenner seines Werks. Und sie mussten das existierende Bild Thomas Manns ins Wanken bringen. Jeder Zoll ein Dichterfürst? Davon konnte überhaupt nicht 85 mehr die Rede sein, denn die Tagebücher ließen eine ganz andere Persönlichkeit erkennen: Am Ende steht er schwach und ehrlos vor uns da, leidend und mitleiderweckend, ichbezogen und selbstgefällig, von verheimlichten homoerotischen Neigungen gequält, 90 unsympathisch für die einen, mit Sicherheit imponierend für die anderen.
Seine stärkste Passion war wohl die Eigenliebe. Sie hat ihn veranlasst, alle Hemmungen zu überwinden und in den Tagebüchern die Wahrheit über seine Person 95 zu enthüllen oder, richtiger gesagt, das, was er für diese Wahrheit hielt. Thomas Mann hatte den Mut und die Größe, sich mit diesen Tagebüchern den Nachgeborenen auszuliefern.
Zur erfreulichen Korrektur und Vertiefung seines 100 Bildes trugen auch mehrere hochbeachtliche Monografien bei, von denen mir Hermann Kurzkes Buch „Thomas Mann. Das Leben als Kunstwerk" (1999) am meisten zusagt, und auch neue, sorgfältige Editionen

seiner Werke, darunter die ersten Bände der „Großen kommentierten Frankfurter Ausgabe".

Wenn es aber schließlich zu der von vielen schon lange ersehnten und von manchen geradezu beschworenen Renaissance Thomas Manns gekommen ist, so hat hierzu in erster Linie – wer hätte das gedacht? – das Fernsehen beigetragen. Heinrich Breloers dreiteiliger Film „Die Manns" vermochte seinem Werk Hunderttausende neuer Leser zu gewinnen. Jetzt, in den letzten Jahren, ist Thomas Mann, der Emigrant, der in Deutschlands Unglück Deutschlands Glück war – jetzt erst ist er ganz heimgekehrt. Das hier abgebildete Porträt stammt von Max Liebermann, wohl dem bedeutendsten Porträtisten der Epoche von 1890 bis 1933. Die Zeichnung entstand am 9. und 10. Oktober 1925 (denn zwei Sitzungen waren erforderlich). Sie war vom S. Fischer Verlag für die Ausgabe der „Gesammelten Werke in zehn Bänden" in Auftrag gegeben worden. Auf diesem Bild sieht er, glaube ich, so aus, wie er gesehen werden wollte. Aber das stört mich nicht, und ich zähle Liebermanns Porträt zu den schönsten, die es von Thomas Mann gibt.

Aus: Marcel Reich-Ranicki, Meine Bilder (52), Thomas Mann, gezeichnet von Max Liebermann; in: Frankfurter Allgemeine Sonntagszeitung, 24.11.2002, Nr. 47, S. 27 © F.A.Z. GmbH, Frankfurt am Main. Zur Verfügung gestellt vom Frankfurter Allgemeine Archiv

■ *Erarbeiten Sie die Hauptaussagen des Texts zum Thomas-Mann-Bild. Stellen Sie außerdem einen Zusammenhang mit dem Porträt von Max Liebermann her.*

Fotografie: Thomas Mann in seinem Arbeitszimmer

■ *Das Foto zeigt Thomas Mann 1916 in seinem Arbeitszimmer. Beschreiben Sie, wie er sich dem Fotografen präsentiert, und stellen Sie einen Bezug zu den Aussagen Reich-Ranickis her.*

Baustein 3
Aschenbach als Liebender

Der Baustein thematisiert die Motive sowie den Verlauf der sinnlichen Beziehung Aschenbachs zu dem Knaben Tadzio. Im Zusammenhang der Novellenhandlung bildet die Schilderung der inneren Gefährdung sowie des letztendlichen Scheiterns der künstlerischen Identität Aschenbachs die konsequente Weiterentwicklung der in den beiden Anfangskapiteln eingeführten Künstlerthematik.

In der in den Kapiteln drei bis fünf beschriebenen Entwicklung Aschenbachs lassen sich grundsätzlich drei Phasen ausmachen: Die Begegnung mit Tadzio führt Aschenbach nach einigem Schwanken zu seinem schicksalhaften Entschluss, den Venedigurlaub nicht vorzeitig abzubrechen, sondern in der Nähe des polnischen Knaben zu verweilen. Über einen gewissen Zeitraum hinweg gelingt es ihm, die unverkennbar erotische Zuneigung zu Tadzio als ästhetisches Interesse des Künstlers an seinem Objekt zu rechtfertigen. Allerdings tritt immer offener das sinnliche Begehren hervor und bewirkt bei Aschenbach einen zusehends rascher fortschreitenden Verfall der Selbstdisziplin sowie der persönlichen Würde, bis hin zur Selbstaufgabe und zum physischen Tod.

Diese drei Phasen strukturieren auch den Aufbau dieses Bausteins. Die Schülerinnen und Schüler sollen dabei erkennen, dass die Krise Aschenbachs bereits in seinem gefährdeten Charakter angelegt ist. Die Begegnung mit Tadzio im schwül-sommerlichen Venedig fungiert als äußerer Auslöser, um Aschenbach aus seinem labilen, mühsam erhaltenen seelischen Gleichgewicht zu bringen und seinen in der Folge geradezu zwangsläufig verlaufenden Abstieg zu provozieren. Den in diesem Kontext ebenfalls behandelbaren zeitgenössischen kunstphilosophischen Hintergrund findet man in der von Nietzsche unternommenen Gegenüberstellung des apollinischen mit dem dionysischen Künstler.

Das Liebesthema bietet im Übrigen Anlässe für subjektive beziehungsweise kreative Schreibformen. Auf den ersten Blick scheint die erotische Knabenliebe eines alternden großbürgerlichen Künstlers zunächst weit weg vom Erlebens- und Verstehenshorizont der Schülerinnen und Schüler zu sein. Der dadurch möglicherweise drohenden Gefahr einer Banalisierung des Stoffes steht jedoch das literarische Anliegen Thomas Manns entgegen, dem es offenkundig darum geht, die subtilen Rechtfertigungsmechanismen Aschenbachs aufzudecken und den gesellschaftlich konventionalisierten Respekt vor dem großbürgerlichen Künstler zu unterwandern. Über die Auseinandersetzung mit diesen innerseelischen Prozessen bieten sich auch dem jungen Leser identifikatorische Zugänge.

3.1 Aschenbachs inneres Ringen

Tadzio wird von Thomas Mann in der zweite Hälfte des dritten Kapitels, kompositorisch betrachtet also erst zur Mitte der Erzählung, eingeführt. Bereits die erste Begegnung zwischen dem polnischen Knaben und Aschenbach macht einen denkbar großen Eindruck auf den Schriftsteller, dessen seit der Eingansszene am Münchner Nordfriedhof wachgewordenes unbestimmtes und ungerichtetes Sehnen nun ein konkretes Ziel findet. Allerdings erlebt der Leser den Künstler zunächst noch unentschlossen, was die Fortsetzung seines Urlaubsaufenthalts in Venedig betrifft. Eine Rückkehr in seine gesicherte bürgerliche

Existenz scheint zu diesem Zeitpunkt noch ohne Weiteres möglich. Letztlich jedoch siegt die starke Anziehungskraft, die Tadzio auf ihn ausübt. Damit wird in Aschenbach ein seelischer Prozess in Gang gesetzt, während dessen sich immer stärker die bislang verdrängten beziehungsweise unterdrückten triebhaften Elemente seiner Persönlichkeit durchzusetzen vermögen.

Es empfiehlt sich, im Unterricht zunächst die Etappen des Schwankens Aschenbachs zwischen Abreise und Bleiben zu erarbeiten. Dadurch können die Schülerinnen und Schüler zum einen den Handlungsverlauf der einschlägigen Passagen wiederholen, zum anderen werden sie zu einer Auseinandersetzung mit Aschenbachs schicksalhaftem inneren Konflikt angeregt. Der folgende Arbeitsauftrag kann sowohl in Einzel- als auch in Partnerarbeit durchgeführt werden.

■ *Mit der Ankunft Aschenbachs in Venedig und der ersten Begegnung mit Tadzio beginnt für den Schriftsteller ein längeres Ringen, ob er seinen Urlaub fortsetzen oder abbrechen soll. Ermitteln Sie die Handlungsabschnitte auf den Seiten 47–77 und überlegen Sie für jeden einzelnen Abschnitt, welche Bedeutung ihm jeweils im Entscheidungsprozess Aschenbachs zukommt.*

Die Ergebnisse werden im Plenum besprochen und auf einer Overheadfolie in Form eines Flussdiagramms gesammelt, mit dessen Hilfe die Hin- und Hergerissenheit Aschenbachs zwischen dem rationalen Anspruch seiner bürgerlichen Existenz (= im Schaubild: ratio) sowie dem Verlangen nach sinnlicher Verwirklichung außerhalb seines bisher verfolgten Lebenskonzepts (= im Schaubild: emotio) visualisiert werden kann. Als Vorlage lässt sich das **Arbeitsblatt 14a**, S. 70 verwenden. **Arbeitsblatt 14b** (S. 71) enthält einen Lösungsvorschlag. Um das Verfahren abzukürzen, kann die Lehrkraft die im Schaubild enthaltenen Elemente in Form von bereits vorher bedruckten Folienschnipseln bereithalten. Die Schülerinnen und Schüler ordnen die einzelnen Teile dann einer der beiden Überschriften zu.

3.2 Aschenbachs Faszination für Tadzio

Im Anschluss an die Klärung der inneren Ausgangsdisposition Aschenbachs sollte eine der wichtigsten Szenen der Novelle, nämlich die erste Begegnung zwischen dem Schriftsteller und Tadzio (S. 49–54), einer vertieften Analyse unterzogen werden. Nach einer vorbereitenden Schilderung der Hotelatmosphäre (vgl. S. 49–50) lässt Thomas Mann seine Hauptfigur Aschenbach des polnischen Knaben Tadzio gewahr werden, an dem der Künstler vor allem eine vollkommene Schönheit feststellt (vgl. S. 50). Das Aussehen Tadzios erinnert ihn an vollendete Werke der griechischen Kunst (vgl. ebenda), zudem entdeckt er in seiner Gestalt aristokratisch verfeinerte Wesenszüge (vgl. S. 51).

Der unmittelbare Nachhall der Begegnung im Inneren Aschenbachs (vgl. S. 54) zeichnet die Problematik des folgenden Identitätskonflikts ab: Bei Tisch beschäftigt Aschenbach sich auf abstrakt-intellektuellem Wege mit dem Wesen menschlicher Schönheit. Der darauffolgende Nachtschlaf wird jedoch von „Traumbildern" (ebenda) begleitet. Über deren Inhalt und Motive lässt Thomas Mann den Leser zwar im Unklaren, allerdings ist unzweifelhaft, dass der Autor mit diesen Träumen auf die verdrängte, triebhaft-erotische Tiefendimension des Unterbewusstseins Aschenbachs anspielt.

Um den Schülerinnen und Schülern den Inhalt dieser Schlüsselszene nochmals zu vergegenwärtigen, bieten sich zwei Möglichkeiten an: Entweder wird der Abschnitt gemeinsam im Unterricht gelesen oder die Lehrkraft nutzt einen Auszug aus der Hörbuchaufnahme der Novelle mit dem Sprecher Gerd Wameling, der den Schülern vorgespielt wird (Angaben im Literaturverzeichnis).

Hierauf aufbauend erfolgt eine detaillierte Textarbeit. Deren Ziel besteht darin, die Ursachen für die spontane Faszination zu klären, der Aschenbach bei der ersten Begegnung mit Tadzio erliegt. Dabei legt die Erzählstruktur der entsprechenden Passage ein dreiteiliges Vorgehen nahe: Zunächst geht es um den Gesichtsausdruck Tadzios im engeren Sinne (vgl. S. 50), dann um seine gesamte Gestalt (vgl. S. 51) und schließlich um die Reaktionen, die Aschenbach auf diese sinnliche Erfahrung hin zeigt (vgl. S. 54).

Im ersten Schritt sollte ein Unterrichtsgespräch durchgeführt werden, in dem den Gründen der Faszination Aschenbachs für Tadzio nachgegangen wird. Als Impuls dient folgender Satz aus der Novelle:

> „Mit Erstaunen bemerkte Aschenbach, dass der Knabe vollkommen schön war." (S. 50)

Der darauf aufbauende Arbeitsauftrag könnte folgendermaßen formuliert sein:

> ■ *Beschreiben Sie, was Sie persönlich unter der „Schönheit" eines Menschen verstehen.*

Zu erwarten ist, dass die Jungendlichen zwar einerseits auf die Bedeutung eines wohlgestalteten Äußeren für die Zuerkennung des Attributs „Schönheit" verweisen, andererseits aber auch den hohen Wert der persönlichen Ausstrahlung sowie den subjektiven Charakter der Wahrnehmung durch den Beobachter erkennen.

Anschließend werden diese Gedanken fortgeführt, indem die Frage nach dem Wesen der Schönheit am Text vertieft wird. Der Arbeitsauftrag für die Still- oder Partnerarbeit lautet:

> ■ *Erarbeiten Sie auf der Grundlage von S. 50, worin für Aschenbach die Schönheit Tadzios besteht.*

Die mündlich gesammelten Beiträge können in einem Tafelbild systematisiert werden, das beispielsweise folgendermaßen gestaltet werden kann:

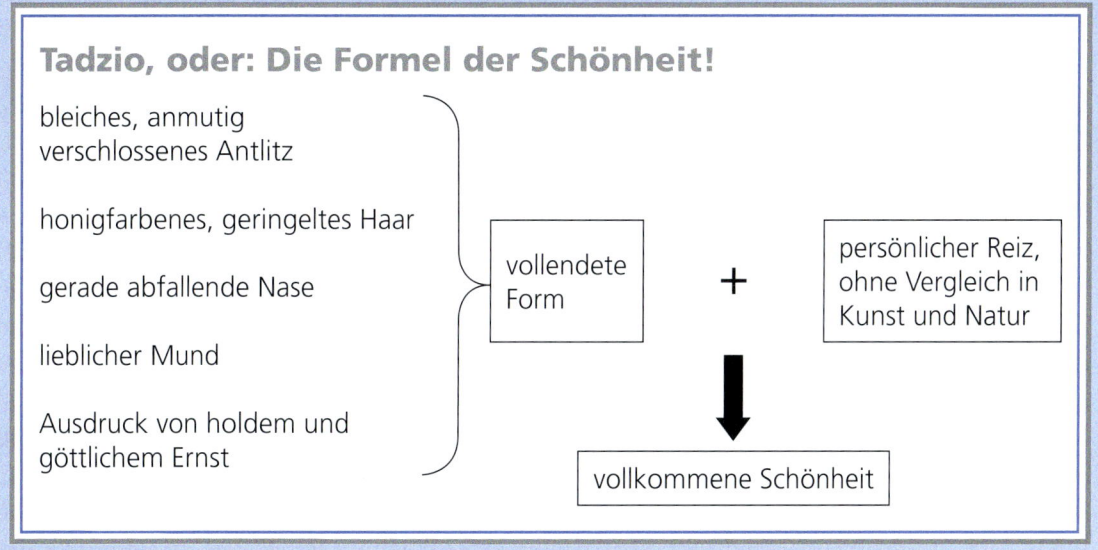

Nach der Beschreibung der Schönheit Tadzios lässt Thomas Mann seine Figur Aschenbach verschiedene Schlüsse vom Aussehen des polnischen Jungen auf sein inneres Wesen ziehen (vgl. S. 51). Die Ausführungen sind unter anderem auch deshalb von Relevanz für die Deutung der Novelle, weil die von Aschenbach wahrgenommene aristokratische Zerbrechlich-

Baustein 3: Aschenbach als Liebender

keit Tadzios ganz unter dem Zeichen der in Baustein 2 dargelegten zeitgenössischen Dekadenzdebatte steht. Auch dieser Aspekt kann wieder in Still- oder Partnerarbeit oder auch als Hausaufgabe erarbeitet werden.

■ *Zeigen Sie am Text (S. 51), welche Zusammenhänge der Betrachter zwischen der äußeren Gestalt Tadzios und seinem Charakter herstellt. Stellen Sie außerdem einen Bezug zur zeitgenössischen Kunstdebatte her.*

Die Ergebnissicherung kann folgendermaßen strukturiert werden:

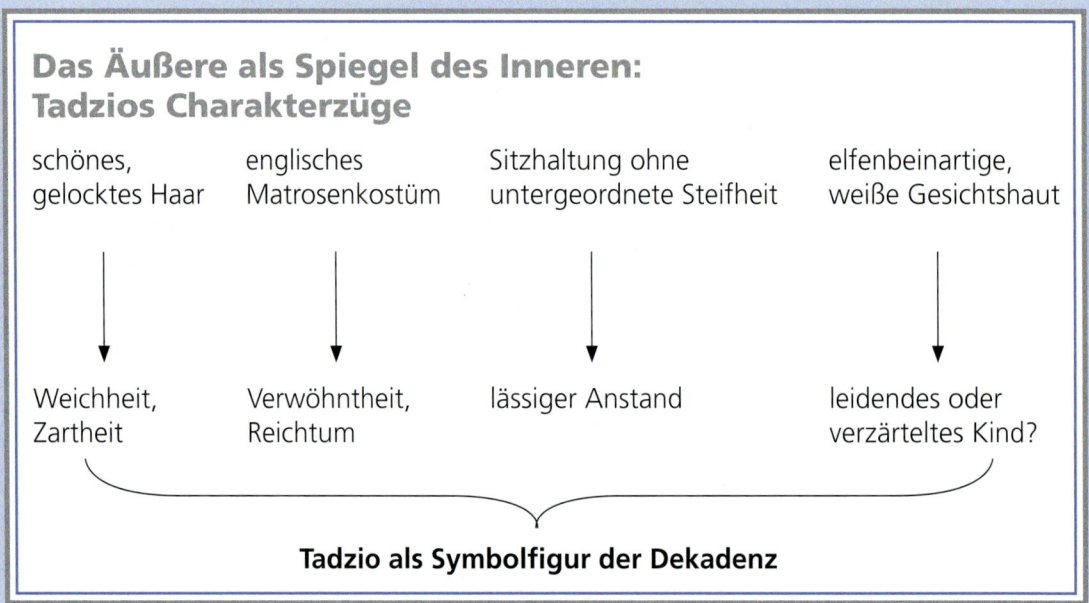

Als Ergänzung könnte in einem kleinen Exkurs die kunstgeschichtliche Bedeutung des Motivs des „Dornausziehers" (im Text auf S. 51) thematisiert werden. Hier bietet sich eine gute Möglichkeit zum Einbau eines Kurzreferats. Ersatzweise sollte die Lehrkraft zumindest eine Abbildung des „Dornausziehers" zum Zwecke der Illustration zeigen und erläutern. Beim „Dornauszieher", einem nackten Knaben in sitzender Position, der sich einen Dorn aus dem Fuß zieht, handelt es sich um ein ursprünglich aus der Antike stammendes Thema der Bildhauerei, das von Renaissancekünstlern neu entdeckt und weitergeführt wurde. Bis heute sind die Herkunft und die originäre Bedeutung des Motivs noch nicht befriedigend geklärt. Eine Theorie sieht in dem Knaben die mythologische Gestalt des Lokros, des Stammvaters der griechischen Lokrer. Diesem signalisierte der durch den Dorn ausgelöste Schmerz die Erfüllung eines Orakelspruchs, der ihm die Gründung einer Stadt verhieß. Das **Arbeitsblatt 15**, S. 72 stellt eine Reproduktion des sogenannten „kapitolinischen Dornausziehers" dar, der in Rom verwahrt wird. Die Vermutung liegt nahe, dass Thomas Mann beim Schreiben gerade diese Skulptur vor Augen hatte, da er sich als junger Mann gemeinsam mit seinem Bruder Heinrich ein Jahr lang in der östlich von Rom gelegenen Stadt Palestrina aufgehalten hatte und ohne Zweifel die in der italienischen Hauptstadt gesammelten Kunstschätze in Augenschein genommen hatte.

Die thematische Behandlung der ersten Begegnung zwischen Aschenbach und Tadzio kann durch eine kreative Schreibaufgabe abgerundet beziehungsweise vertieft werden. Der folgende Arbeitsauftrag, der bei Zeitmangel auch im Plenum besprochen werden kann, besitzt überdies eine weiterführende Funktion, da er den Schülerinnen und Schülern besonders deutlich macht, wie konträr sich in der Persönlichkeit Aschenbachs das nach außen hin repräsentierte großbürgerliche Selbstbild und die verdrängten Sehnsüchte und Leidenschaften gegenüberstehen.

Baustein 3: Aschenbach als Liebender

> ■ *Bewegt von der ersten Begegnung mit Tadzio verbringt Aschenbach das Abendessen mit kunsttheoretischen Betrachtungen zum Wesen der Schönheit. In der anschließenden Nacht begegnet ihm das Erlebte zunächst in Form aufgewühlter Träume. Als er am nächsten Morgen erwacht, möchte er die Eindrücke verarbeiten. Er verfasst deshalb einen Tagebucheintrag. Versetzen Sie sich in die Lage Aschenbachs und schreiben Sie eine textgerechte Selbstreflexion.*

Zumindest einige der Schülerergebnisse werden sicherlich das Thema „Liebe" mit berücksichtigen. Die Lehrkraft sollte in der Besprechung diesen Punkt auf jeden Fall nochmals akzentuieren und eine der wesentlichen Ursachen für die Verdrängung der Gefühle durch Aschenbach besprechen, nämlich die Ächtung der Homosexualität vonseiten der bürgerlichen Gesellschaft, deren Anerkennung ein konstitutives Element für das Selbstbild Aschenbachs darstellt.

Im weiteren Verlauf des dritten Kapitels entfaltet Thomas Mann in mehreren Einzelszenen verschiedene Facetten der Faszination, die Tadzio auf Aschenbach ausübt. Anlässlich der Begegnung beim Frühstück (vgl. S. 56–57) bezeichnet Aschenbach den polnischen Knaben als Gott Eros (vgl. S. 57) und als künstlerisches „Meisterwerk" (ebenda). Am Strand (vgl. S. 60–63) spürt der Schriftsteller dem sinnlichen Klang des Namens „Tadzio" nach (vgl. S. 61–62) und registriert aufmerksam das Verhalten der Spielkameraden, die Tadzio als Mittelpunkt ihres Treibens anerkennen (vgl. S. 62–63). In der Badeszene (vgl. S. 63–65) wird der polnische Knabe geradezu in die Nähe eines aus dem Meer geborenen Gottes gerückt (vgl. S. 64). Ein zufälliges Aufeinandertreffen im Hotel wiederum (S. 65–66) lässt Aschenbach an Tadzio neben dessen intensiver Ausstrahlung auch seine schlechten Zähne entdecken (vgl. S. 66). Dieses Phänomen nutzte Thomas Mann bekanntlich schon in den Buddenbrooks als Zeichen für Verfall und Degeneration. Aschenbach schließt aus dem Zustand der Zähne auf eine kränkliche Konstitution Tadzios und auf dessen geringe Aussichten, ein höheres Alter zu erreichen (vgl. ebenda).

Zur vertieften Erarbeitung der Textaussagen über die Faszination, die Tadzio auf Aschenbach ausübt, bietet sich ein arbeitsteiliges Vorgehen in Form einer Gruppenarbeit an. Die Aufteilung der Textabschnitte sowie die konkreten Aufgabenformulierungen sind dem **Arbeitsblatt 16**, S. 73 zu entnehmen. Neben den Aufgabenstellungen sollte jeder Gruppe eine beschreibbare Overheadfolie zur Verfügung gestellt werden. Zunächst bekommen die Schülerinnen und Schüler eine Einlesezeit, wonach eventuell unklare Textstellen von der Lehrkraft erklärt werden können. Dabei ist zu erwarten, dass beispielsweise die mythologischen Anspielungen eventuell die eine oder andere Verständnisfrage nach sich ziehen könnten. Nach der Bearbeitungsphase werden die auf der Folie zusammengestellten Gruppenergebnisse jeweils von einem Gruppensprecher vorgetragen. Dann werden in einem gemeinsamen Unterrichtsgespräch die wesentlichen Ergebnisse nochmals gemeinsam besprochen.

Im Einzelnen könnten die Gruppenergebnisse unter anderem folgende Elemente enthalten:

Gruppe I:

Aschenbach erkennt an Tadzio Anmut, Zartheit, Stolz und „kindliche Verschämtheit". Als er seines Profils ansichtig wird, konstatiert er eine „gottähnliche Schönheit" des „Menschenkindes". Der Kopf, voll „unvergleichlichem Liebreiz", gemahnt ihn sogar an eine Statue des Gottes Eros, also des griechischen Gottes der Liebe.

Gruppe II:

Der Name „Tadzio" entzieht sich aufgrund seiner Fremdheit zunächst einem direkten Verständnis vonseiten Aschenbachs, der die Aussprache als sinnlichen Wohlklang empfindet. Inmitten seiner kindlichen Umgebung kommt Tadzio offenbar eine führende Rolle zu, er bildet ohne Zweifel den von allen Seiten umworbenen Mittelpunkt. In diesem Zusammenhang wird die Beziehung des engsten polnischen Freundes zu Tadzio wörtlich als Vasallentum bezeichnet. Eine von Aschenbach registrierte Kussgeste zwischen den beiden unterstreicht die erotische Wahrnehmungsperspektive des Künstlers ebenso wie der anschließende Verzehr frischer Erdbeeren, Symbol sinnlichen Genusses.

Gruppe III:

Tadzios Bad im Meer empfindet Aschenbach geradezu als singuläres Ereignis, wie die aufs Nötigste reduzierte Formulierung „Tadzio badete" (S. 63) nahelegt. Als Tadzio zu weit aufs Meer hinausschwimmt und von den Aufsichtspersonen besorgt Tadzios Name gerufen wird, „beherrsche" diese akustische Kombination „den Strand beinahe wie eine Losung". Damit wird die alles überschattende Präsenz des polnischen Knaben in der Wahrnehmung Aschenbachs deutlich. Bei der Rückkehr entsteigt Tadzio dem Meer geradezu wie eine griechische Gottheit. Diese Vision löst in Aschenbach zunehmend Vergleiche mit klassischen Motiven aus: So erhebt sich beispielsweise in seinem Inneren ein „Gesang", der etwa auf den Sirenengesang in der Homerischen „Odyssee" anspielen könnte. Der vom Bade ausruhende Tadzio wiederum weckt in Aschenbach einen väterlichen Schutzinstinkt.

Gruppe IV:

Aschenbach erhält das erste Mal Gelegenheit, Tadzio aus nächster Nähe zu studieren. Dabei konstatiert er einen engen Zusammenhang zwischen der Schönheit des Jungen und seiner Schamhaftigkeit. Allerdings fallen ihm auch seine schlechten Zähne auf, die er als Vorzeichen von Kränklichkeit und eines zu erwartenden Verfalls wertet. Dabei geht Aschenbach davon aus, dass Tadzio kein sehr hohes Alter erreichen dürfte. Dies registriert er mit einer deutlichen Beruhigung, offenbar, weil das jedem Lebewesen drohende Alter in diesem Fall das menschliche Kunstwerk nicht zu entstellen vermag.

Um die Gruppenergebnisse abschließend zusammenzuführen, bietet sich unter anderem eine grafische Umsetzung in Einzel- oder Partnerarbeit an.

■ *Versuchen Sie, die unterschiedlichen Aspekte der Faszination Tadzios mithilfe einer zeichnerischen Darstellung umzusetzen.*

Der große kreative Spielraum, den diese Aufgabe den Bearbeitern gewährt, wird erfahrungsgemäß von den Schülerinnen und Schülern ausgiebig genutzt. Die Ergebnisse könnten nach einer kurzen Präsentation im Plenum, beispielsweise im Klassenzimmer, ausgehängt werden, um den Mitschülern Gelegenheit zu ausgiebiger Betrachtung zu geben.

3.3 Aschenbachs Liebe zwischen Verdrängung und Rechtfertigung

Das vierte Kapitel zeigt Aschenbach auf der Höhe seines Liebesgenusses. Er verschwendet keinen Gedanken mehr daran, Venedig zu verlassen (vgl. S. 78). Nun bestimmt der „wohlige Gleichtakt dieses Daseins" (ebenda) unter südlicher Sonne seine Tage. Statt seiner aus dem ersten Teil der Novelle bekannten Ratlosigkeit empfindet er inneres Glück (vgl. S. 79), die schriftstellerische Schaffenskrise wird überwunden (vgl. S. 86–87). Seine Gefühlslage scheint durch die Nähe zu Tadzio paradiesisch und aller irdischen Probleme enthoben (vgl. S. 79–80).

Allerdings ist Aschenbachs innerer Zustand in Wirklichkeit labil und grundlegend gefährdet. Zunächst verdrängt er erfolgreich den eigentlichen Charakter seiner Beziehung zu Tadzio, die in ihrem Wesen von sinnlichem Begehren getragen ist. Mit verschiedenen Rechtfertigungsversuchen versucht Aschenbach, seine homosexuelle Neigung zu dem Jungen in sein neuklassisches Menschenbild zu integrieren und an seinem bildungsbürgerlichen Weltbild festzuhalten. So tarnt er sein Interesse an der Gestalt Tadzios als Betrachtungen rein ästhetischer Natur (vgl. S. 80–84) und flüchtet sich in die Schönheitslehre der platonischen Philosophie (vgl. S. 85–86). Freilich genügt ihm die Rolle des distanzierten Betrachters nicht mehr. Immer intensiver sucht er die Annäherung an das Objekt seines Verlangens und spielt immer mehr mit dem Gedanken einer direkten Annäherung, was er aber letztlich nicht umzusetzen vermag (vgl. S. 88–89). Erst am Ende des Kapitels gesteht er sich selbst die Liebe zu Tadzio ein (vgl. S. 97). Dieser wiederum ist sich offenbar einer Wirkung auf Aschenbach durchaus bewusst und versucht gewisse kokette Provokationen in Richtung seines Bewunderers (vgl. S. 94–96).

Den Charakter des vierten Kapitels bezeichnete Thomas Mann im Übrigen selbst als „antikisierend". Mit der Beschwörung der zeitlos-harmonischen Welt der Antike unter Zuhilfenahme zahlreicher inhaltlicher und sprachlicher Mittel verdichtet der Autor die dem Selbstverständnis Aschenbachs gemäße Stimmung eines „klassischen Menschen", um sodann die Doppelbödigkeit und Bedrohung dieser Lebenswelt anzudeuten.

Eine entsprechende Annäherung an das Kapitel kann beispielsweise mit folgendem Arbeitsauftrag durchgeführt werden:

> ■ *Thomas Mann bezeichnete den vierten Abschnitt seiner Novelle als „antikisierendes Kapitel". Untersuchen Sie die S. 77–78 auf Belege, die diese Aussage stützen, und erklären Sie, wie diese Atmosphäre auf Aschenbach wirkt (S. 78–80).*

Die Ergebnisse werden im Plenum gesammelt und besprochen und könnten parallel dazu – sprachlich verkürzt – sukzessive zu einem summierenden Tafelbild vervollständigt werden:

Der Hauch der Antike – der Eingang des vierten Kapitels

- **altertümlich-literarischer Sprachstil:**
  Der Sprachduktus erinnert an antike Versepen: „Nun lenkte Tag für Tag der Gott mit den hitzigen Wangen nackend sein gluthauchendes Viergespann durch die Räume des Himmels …"; dabei sind die zahlreichen „schmückenden Beiwörter" an die Sprache Homers angelehnt; in der altertümlichen Wortwahl („nackend", „Gelock", „Äther", „Reigen", …) wiederum imitiert Thomas Mann ohne Zweifel die stilbildende, gleichwohl aufgrund der Zwänge des Hexameters zum Teil etwas künstlich wirkende Versnachdichtung der homerischen Texte durch Johann Heinrich Voß.

- **mythologische Bezüge:**
  Helios (= „Gott mit den hitzigen Wangen") mit seinem Sonnenwagen, Pontos als Gott des Meeres

- **Beschreibung südlicher, klassisch-heiterer Stimmungsbilder:**
  vor Hitze glühender Sand, die „flirrende Bläue" des Himmels, vom intensiven Kräuterduft erfüllte Abende unter sternenklarem Himmel, das Murmeln des Meeres, die Leichtigkeit des Sonnentags, …

- **Wirkung auf Aschenbach:**
  Der Rhythmus des südlichen Lebens – der „wohlige Gleichtakt des Daseins" – entspannt und verzaubert Aschenbach; er gewinnt Abstand zu seiner bisherigen, auf Leistung und Disziplin ausgerichteten Lebensführung; der Aufenthalt im Süden macht Aschenbach „glücklich", er fühlt sich wie entrückt ins Elysium, also in einen paradiesischen Zustand, in dem er sämtliche Anspannung hinter sich lassen und sich dem sinnlichen Lebensgenuss widmen kann.

Baustein 3: Aschenbach als Liebender

Nach dieser Einführung in die erzählerische Stimmung des vierten Kapitels sind die Rechtfertigungsstrategien Aschenbachs herauszuarbeiten. Bei keiner der im Folgenden anzusprechenden Gelegenheiten gesteht sich nämlich der Schriftsteller sein emotionales und sinnliches Hingezogensein zu dem polnischen Jungen ein.

So zieht er sich einmal auf die Rolle des lediglich ästhetisch interessierten Kunstbetrachters zurück (vgl. S. 82–83), ein anderes Mal empfindet er die Erscheinung Tadzios als göttliche Offenbarung (vgl. S. 83–84). Außerdem dient ihm die Erinnerung an einen platonischen Dialog zwischen dem Philosophen Sokrates und seinem Gesprächspartner Phaidros dazu, die Knabenliebe mithilfe antiker Weltvorstellungen zu legitimieren (vgl. S. 85–86). Darüber hinaus erlebt er zudem den polnischen Jungen als Muse, die ihm die Überwindung seiner Schreibkrise ermöglicht (vgl. S. 86–88).

Diese verschiedenen Aspekte der Verdrängungsstrategien Aschenbachs lassen sich am besten im Rahmen eines Expertengesprächs darstellen. Bei dieser Methode werden die gestellten Aufgaben auf „Expertengruppen" verteilt und von diesen bearbeitet. Nach Beendigung dieses Arbeitsschritts werden neue Gruppen gebildet, in denen je ein Experte für jede Aufgabe mitarbeitet und in denen jeder Experte den anderen sein „Spezialgebiet" vorstellt.

Die Arbeitsaufträge für die Expertengruppen finden sich auf dem **Arbeitsblatt 17**, S. 74. Um den Unterrichtsschritt abzukürzen, lassen sich freilich auch lediglich eine oder zwei der in den Aufgabenstellungen angegebenen Textstellen exemplarisch im Plenum bearbeiten. Auf jeden Fall ist es von großer Bedeutung, dass im Rahmen der Vorstellung und Besprechung der Ergebnisse die bei Aschenbach wirksamen Verdrängungsmechanismen deutlich gemacht werden.

Ergänzend können die im vierten Kapitel enthaltenen Anspielungen auf die antike Philosophie zum Anlass genommen werden, um diesen kulturellen Hintergrund mithilfe von Schülerreferaten zu veranschaulichen. So lässt sich die von Aschenbach beschworene Idee des Schönen (vgl. S. 84) mit einer Einführung in die Philosophie Platons verknüpfen. Die von Thomas Mann in den Novellentext eingeflochtenen Zitate aus dem Platon-Dialog „Phaidros" wiederum stellen eine Gelegenheit dar, um das Thema der Knabenliebe in der griechischen Antike zu problematisieren.

Eine ehrliche Selbstreflexion Aschenbachs über seine seelische Lage geschieht erst am Morgen nach dem Stranderlebnis. Nach Möglichkeit sollten deshalb im Anschluss an die Gruppenarbeit gemeinsam die S. 88–90 gelesen und besprochen werden.

Die Aufgabenstellung für das Gruppengespräch könnte lauten:

■ *Wie stellt sich das Verhältnis Aschenbachs zu Tadzio auf den Seiten 88–90 dar?*

Diese Aufgabe eignet sich im Übrigen ebenso gut als Hausaufgabe. Inhaltlich sollte deutlich werden, dass Aschenbachs Annäherungsversuch, von dem er sich eine „heitere Bekanntschaft" (S. 88) mit Tadzio verspricht, an seiner nervlichen Aufregung scheitert. Deshalb wirft er sich vor, den richtigen Augenblick für eine Kontaktaufnahme verpasst zu haben. Im Urteil des Erzählers wird jedoch deutlich, dass Aschenbach im Grunde eine solche Klärung des Verhältnisses gar nicht anstrebt: Das persönliche Bekanntwerden mit dem Objekt seiner Begierde hätte unweigerlich zu emotionaler „Ernüchterung" (ebenda) Aschenbachs geführt und damit seinen „Rausch" (ebenda), also den emotionalen Ausnahmezustand des schwärmerisch Verliebten, beendet. Überdies zeigt sich der Protagonist dem Erzähler zufolge nicht mehr fähig zu einer ehrlichen Auseinandersetzung mit seiner Situation. Seine einzige Sorge bestehe darin, sich durch nicht gesellschaftskonformes Verhalten vor zufälligen Beobachtern lächerlich zu machen (S. 89). Mit der Entscheidung, seinen rauschhaften Ausnahmezustand weiter auszukosten, geht Aschenbach immer weiter auf dem eingeschlagenen Weg, der zwangsläufig zur Demontage seiner bürgerlichen Identität führt.

Dieser Aspekt lässt sich durch die fakultative Analyse des Erzählabschnitts auf den S. 94–97 vertiefen. Offensichtlich hat Tadzio das Interesse Aschenbachs bemerkt und sendet seinerseits provozierende Signale in Richtung des alternden Künstlers. Bei einer Begegnung im Rahmen eines abendlichen Spaziergangs durch Venedig ist es Aschenbach sogar, als lächle Tadzio ihn auf eine kokette Art an (vgl. S. 96). Als der innerlich äußerst aufgewühlte Aschenbach dieses Erlebnis anschließend einsam auf einer Parkbank verarbeitet (vgl. S. 97), kommt ihm das erste Mal das lange verdrängte Liebesbekenntnis über die Lippen. Es dürfte sich ohne Zweifel lohnen, die subjektive Wahrnehmung dieser Begegnung aus Sicht der beiden Beteiligten in kontrastiver Weise, nämlich in Gestalt zweier fiktiver Tagebucheinträge, darstellen zu lassen.

Ein Banknachbar verfasst einen Tagebuchtext aus Sicht Aschenbachs, der andere Schüler versucht, sich in Tadzio hineinzuversetzen.

Aufgabenstellung A:

■ *Am Morgen nach seiner nächtlichen Begegnung mit Tadzio drängt es Aschenbach dazu, in einem Tagebucheintrag seine Sicht der Dinge niederzuschreiben. Versetzen Sie sich in Aschenbachs Situation und erstellen Sie einen entsprechenden Text, den Sie dann Ihrem Banknachbarn vorstellen.*

Aufgabenstellung B:

■ *Am Morgen nach seiner nächtlichen Begegnung mit Aschenbach drängt es Tadzio dazu, in einem Tagebucheintrag seine Sicht der Dinge niederzuschreiben. Versetzen Sie sich in Tadzios Situation und erstellen Sie einen entsprechenden Text, den Sie dann Ihrem Banknachbarn vorstellen.*

Nach erfolgter Fertigstellung lesen sich die beiden Partner ihre jeweiligen Ergebnisse vor und vergleichen ihre Eindrücke. Eine gemeinsame Feedback-Runde im Plenum rundet die Arbeitsphase ab.

Da das große Interesse Thomas Manns an seelischen Prozessen wie beispielsweise der Verdrängung durch seine intensive Auseinandersetzung mit den psychoanalytischen Schriften Sigmund Freuds zusammenhängt, bietet das **Zusatzmaterial 4**, S. 111 eine Einführung in die Verdrängungstheorie des Wiener Psychologen. Ein Vergleich der in der Tabelle beschriebenen Formen der Verdrängung mit den entsprechenden Strategien Aschenbachs verschafft den Schülerinnen und Schülern einen Eindruck vom hohen Realitätsgrad des Verhaltens der Hauptfigur.

3.4 Der Verfall der Identität Aschenbachs

Das fünfte Kapitel beschreibt Aschenbachs Niedergang. Um sich ganz seiner nunmehr völlig enthemmten Leidenschaft für Tadzio hinzugeben, entledigt er sich sämtlicher bürgerlicher Wertvorstellungen sowie seines durch Würde und Disziplin definierten Selbstbildes. Die schwüle Atmosphäre Venedigs, die zusehends vom Tod in Gestalt der Cholera durchzogen wird, bietet den von Niedergang und Verfall geprägten Stimmungshintergrund. Aschenbachs Ziel besteht nunmehr nur noch darin, Tadzio nachzustellen und ihm nahe zu sein. Dabei macht er sich selbst zum liebestollen Greis, der sich der gesellschaftlichen Verachtung anheimgibt. Am Ende steht der Tod, der Aschenbachs Selbstaufgabe konsequent zu Ende führt.

Baustein 3: Aschenbach als Liebender

Der den inneren Zustand Aschenbachs prägende Konflikt lässt sich auf der Grundlage der Seiten 104–106 analysieren. Die Textstelle kann entweder gemeinsam gelesen oder als Auszug aus einem Hörbuch vorgespielt werden. Der Arbeitsauftrag lautet:

■ *Stellen Sie den inneren Konflikt Aschenbachs (S. 104–106) in Form einer tabellarischen Gegenüberstellung dar.*

Aschenbachs Verwirrung

Ausleben des Liebesrausches	⟷	Augenblicke der Reflexion
• Tadzio als Objekt zärtlicher Verliebtheit	⟷	• Momente der Besinnung
• Aufheben der Peinlichkeitsgrenzen im Verhalten Aschenbachs	⟷	• Bewusstsein, dem Vorbild der Vorfahren nicht mehr gerecht zu werden
• Versinken Aschenbachs in den „unsauberen Vorgängen" in Venedig	⟷	• Versuch Aschenbachs, die eigene Würde zu bewahren

➔ **Aschenbach befindet sich in einer existenziellen Entscheidungssituation zwischen der Beibehaltung seiner bisherigen Identität und der Hingabe an einen rauschhaften Zustand.**

Die Entscheidung Aschenbachs zugunsten des Rausches wird besonders in seinem orgiastischen Traum deutlich (S. 124–127). Dieser ereignet sich, wie der Erzähler betont, nicht in einem neutralen Traumland, sondern direkt in der Seele des Protagonisten (vgl. S. 124). Damit wird eine Deutung als zufällig zustande gekommenes Traumgespinst ausgeschlossen und dem Leser stattdessen ein direkter Interpretationszusammenhang mit der Situation Aschenbachs vorgegeben.

Das Traumerlebnis durchbricht mit Gewalt die intellektuelle Hemmschwelle des Träumers (vgl. S. 124–125) und vernichtet „die Kultur seines Lebens" (S. 125). Freilich empfindet Aschenbach nicht nur Angst, sondern auch lustvolle Neugier auf die Veränderung (vgl. ebenda). Im rauschhaften Traumgeschehen selbst ereignet sich eine orgiastische, sexuell zügellose Feier, die in einen völlig enthemmten Götzendienst um ein offenbar phallisches Symbol mündet. Am Ende stehen „grenzenlose Vermischung", „Unzucht" und „Raserei des Untergangs" (jeweils S. 127). Insgesamt ringt der Traum Aschenbachs letzten Widerstand gegen die Kräfte der sinnlichen Verführung nieder: Beim Erwachen fühlt er sich „kraftlos dem Dämon verfallen" (ebenda).

Der Arbeitsauftrag für die Erarbeitung der Textstelle im Rahmen eines Unterrichtsgesprächs könnte folgendermaßen formuliert werden:

 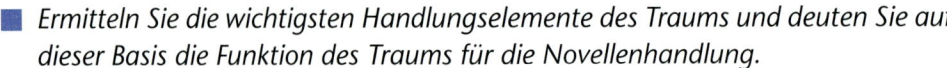

■ *Ermitteln Sie die wichtigsten Handlungselemente des Traums und deuten Sie auf dieser Basis die Funktion des Traums für die Novellenhandlung.*

Erfahrungsgemäß werden Schülerinnen und Schüler durch literarische Traumdeutungen sehr angesprochen. Deshalb dürften fantasievolle assoziative Verknüpfungen mit der Novellenhandlung zu erwarten sein. Die Lehrkraft kann der Klasse bei den Interpretationsversuchen großen Freiraum zugestehen, allerdings sollte stets darauf geachtet werden, dass der inhaltliche Zusammenhang mit dem Novellenstoff gewahrt bleibt. In der Besprechung der Aufgabe sollte außerdem nochmals wiederholend auf den „Urwald-Traum" im ersten Kapitel (S. 13–14) eingegangen werden. Im Zusammenhang wird klar, dass die im ersten Traum noch im Ungewissen gebliebene verheißungsvolle Sehnsucht im zweiten Traum ihre Konkretisierung erhält.

Im Traumgeschehen versinnbildlicht sich im Übrigen auch Aschenbachs Übergang von der apollinischen zur dionysischen Existenz. Die Unterscheidung baut bekanntlich auf dem Werk des Philosophen Friedrich Nietzsche auf. Diese kunsttheoretische Ebene sollte nach Möglichkeit ebenfalls in der Unterrichtssequenz eingebaut werden.

Um den zeitgenössischen Einfluss der Philosophie Nietzsches darzustellen, bietet sich der Einbezug eines Schülerreferats zu Leben und Werk Nietzsches an. Die eigentliche Erschließung der Thematik kann unter Zuhilfenahme einer fachwissenschaftlichen Darstellung stattfinden. Als Einstieg dient das **Arbeitsblatt 18**, S. 75, auf dem das Gegensatzpaar in Gestalt zweier Kunstwerke dargestellt ist. Während Adler (geb. 1927) in seinem Werk die reine Form als ästhetisches Ideal begreift, bewegt sich Franz Marc (1880–1916) zwar ebenso wie Adler auf einer abstrakten Ebene, versinnbildlicht aber gerade die chaotische Auflösung der Form.

Den Schülerinnen und Schülern werden beide Abbildungen auf dem Overheadprojektor präsentiert. Anschließend artikulieren sie ihre spontanen Assoziationen. Dadurch werden sie für die Thematik sensibilisiert. Die Lehrkraft lenkt im Lauf des Gesprächs den Fokus der Schüler mithilfe von Impulsfragen auf die Bedeutung der beiden antagonistischen Prinzipien für die Problematik künstlerischen Schaffens. Es folgt eine inhaltliche Einführung in Nietzsches Terminologie: Im Lehrer-Schüler-Gespräch stellt die Lehrkraft den ersten Teil des **Arbeitsblattes 19**, S. 76 vor. Anschließend ist von den Schülerinnen und Schülern der auf dem Textblatt angegebene Arbeitsauftrag zu bearbeiten. Hierfür eignet sich Stillarbeit ebenso wie Partner- oder Gruppenarbeit. Den Schülern bietet sich eine große Bandbreite geeigneter Textstellen mit Bezug auf die beiden Prinzipien Nietzsches. Die Realisierung des apollinischen Prinzips in der Figur Aschenbach illustriert vor allem der Inhalt des zweiten Kapitels der Novelle. Für das dionysische Prinzip hingegen finden sich vor allem im fünften Kapitel reichhaltige Belege.

3.5 Aschenbachs Ende

In der Novelle nimmt Aschenbach ein tragisches Ende. Innerlich erschöpft, erlebt er noch ein letztes Mal am Strand eine Vision Tadzios als übernatürliche Lichtgestalt. Dann stirbt er, vordergründig an der Cholera, aber in Wirklichkeit als Konsequenz seiner inneren Selbstzerstörung. Der dramatische Aufbau der abschließenden Novellensequenz (S. 136–139) lässt sich mit folgender Textarbeit erschließen:

> ▪ *Unterteilen Sie die Schlusssequenz der Novelle (S. 136–139) nach Erzählschritten und erläutern Sie die in den einzelnen Abschnitten jeweils zum Ausdruck kommende innere Bedeutung.*

Baustein 3: Aschenbach als Liebender

Das Ergebnis könnte in folgendem Tafelbild festgehalten werden:

Das Ende der Novelle – Aschenbachs Tod

Erzählschritt	Innere Bedeutung
der von Krankheitssymptomen gezeichnete Aschenbach erfährt von Tadzios Abreise	innere und äußere Aussichtslosigkeit
Leere des vor kurzem noch belebten Strands	existenzielle Einsamkeit
ausartender, brutaler Ringkampf zwischen Tadzio und einem Gefährten	Auflösung des zivilisatorischen Ordnungsgefüges
stolzes Entfernen Tadzios	Auszug des Schönen aus der Welt
Hineinschreiten ins Meer	Entgrenzung, Auflösung der irdischen Erscheinung
vermeintlicher Blick zu Aschenbach	Lockruf ins Jenseits
Tod Aschenbachs	Scheitern an innerem Konflikt

Als Zusammenfassung der wesentlichen Erkenntnisse aus diesem Baustein bietet sich an, die Entwicklung des Verhältnisses zwischen Aschenbach und Tadzio nochmals zusammenhängend zu reflektieren, und zwar in Gestalt ausdrucksstarker Standbilder (siehe **Arbeitsblätter 20a – e**, S. 77–81).

Im Einzelnen könnten beispielsweise die folgenden Szenen thematisiert werden:

I. Erste Begegnung (S. 50–54)

II. Tadzio am Strand (S. 59–65)

III. Aschenbachs Annäherungsversuch (S. 94–97)

IV. Spaziergang in Venedig (S. 131–133)

V. Das Ende am Strand (S. 136–139)

Die Klasse wird in fünf Gruppen unterteilt, die sich jeweils mit einer bestimmten Beziehungsphase beschäftigen. Die genauen Aufgabenstellungen sind den Arbeitsblättern zu entnehmen, die den einzelnen Gruppen ausgehändigt werden. Das Ziel dieser kreativen Gestaltungsübung besteht darin, die jeweiligen erzählerischen Schilderungen zum Verhältnis zwischen Aschenbach und Tadzio gewissermaßen „auf den Punkt zu bringen", indem man ihren inhaltlichen Kern in Form einer plastischen Augenblicksaufnahme komprimiert.

In diesem Arbeitsschritt werden eigentlich keine neuen Texterkenntnisse herausgearbeitet, da die meisten der zu behandelnden Textstellen sowie der übergreifende Interpretationszusammenhang ohnehin bereits klar sein dürften. Dadurch wird der Arbeitsprozess um die Phase der problematisierenden Texterschließung entlastet, die Schülerinnen und Schüler können sich ganz auf die kreative Umsetzung konzentrieren. Insoweit ist auch eine Ergebnissicherung im engeren Sinne nicht nötig. Dennoch schaffen die Schülerinnen und Schüler durch ihre subjektiven Umsetzungen etwas Neues. Deshalb sollten die von den Gruppen vorgestellten Standbilder wenigstens fotografisch festgehalten werden. Mit den Aufnahmen lässt sich dann beispielsweise eine Fotostrecke gestalten, die im Klassenzimmer aufgehängt werden kann und mit der sich die Entwicklung der Tadzio-Obsession Aschenbachs trefflich illustrieren lässt.

Alternativ lässt sich auch eine kreative Schreibaufgabe zur Abrundung dieses Bausteins einsetzen.

> ■ *„Und noch desselben Tages empfing eine respektvoll erschütterte Welt die Nachricht von seinem Tode" (S. 139). Verfassen Sie einen kurzen Nachruf auf Aschenbach, der nicht nur seine offizielle Selbstdarstellung widerspiegelt, sondern auch den Entwicklungsprozess in Venedig angemessen berücksichtigt.*

Vorschläge für Schülerreferate:

- Das Motiv des „Dornausziehers" in der abendländischen Kunstgeschichte
- Die platonische Philosophie, erläutert am Beispiel des „Höhlengleichnisses"
- Das Thema „Knabenliebe" in der griechischen Kultur
- Friedrich Nietzsche – Eine Einführung in Leben, Werk und Bedeutung

Notizen

Aschenbach zwischen Bleiben und Abreise

Vorlage für das Folienbild

Ankunft im Hotel (S. 47–49)

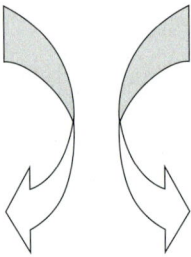

Abreise   oder   Bleiben?

ratio	emotio
…	…

- Mit der Ankunft Aschenbachs in Venedig und der ersten Begegnung mit Tadzio beginnt für den Schriftsteller ein längeres Ringen, ob er seinen Urlaub fortsetzen oder abbrechen soll. Ermitteln Sie die Handlungsabschnitte auf den Seiten 47–77 und überlegen Sie für jeden einzelnen Abschnitt, welche Bedeutung ihm jeweils im Entscheidungsprozess Aschenbachs zukommt.
- Übertragen Sie die Grafik in Ihr Heft und setzen Sie sie nach unten fort.

Aschenbach zwischen Bleiben und Abreise

Lösung zum Folienbild[1]

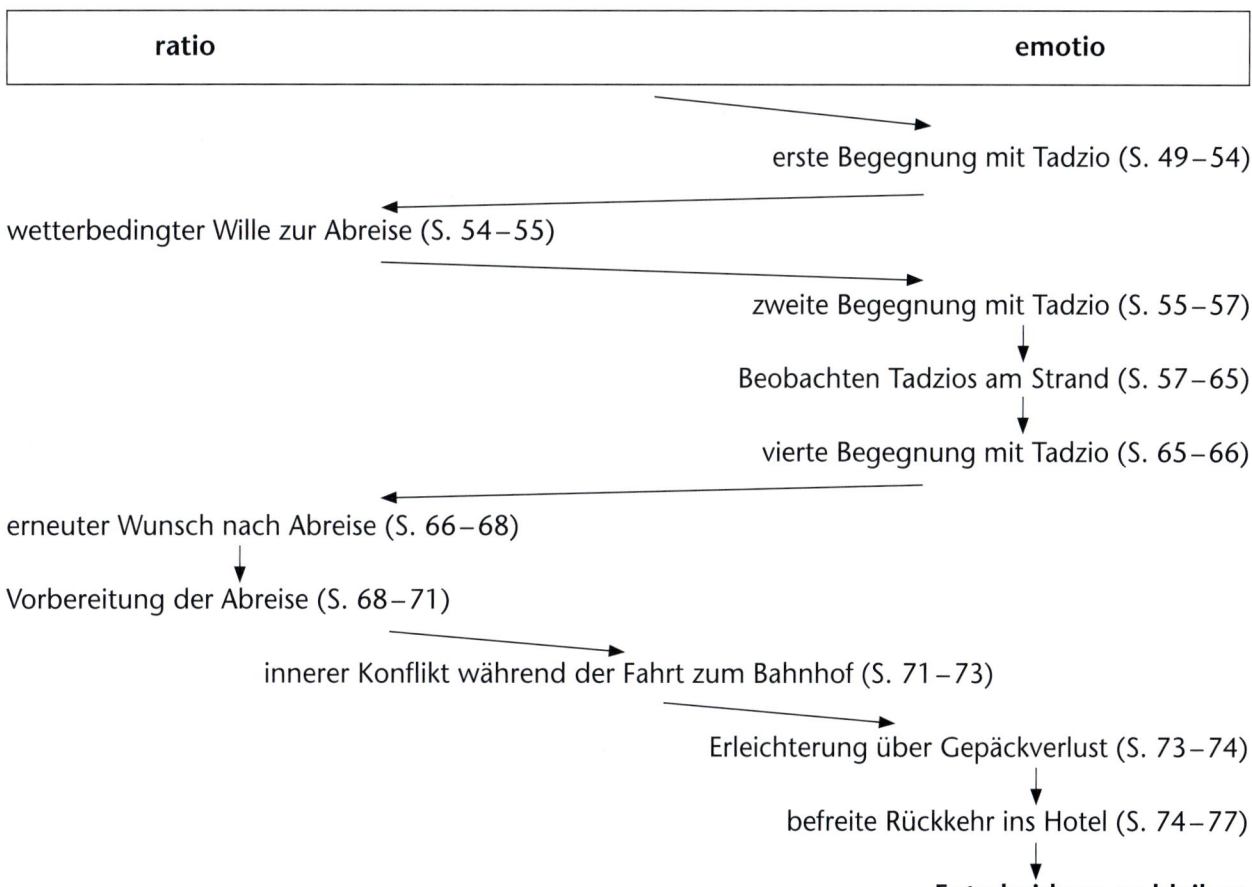

[1] Nach einer Idee von Thorsten Zimmer, **in**: Thomas Mann, Der Tod in Venedig. Eine Unterrichtseinheit für die Oberstufe, S. 55.

Der Dornenauszieher

Der Dornenauszieher. Plastik, Rom, Musei Capitolini

Die Wahrnehmung Tadzios durch Aschenbach

Gruppe I:

Textgrundlage: Frühstücksszene, S. 56–57

Aufgabenstellung: Erarbeiten Sie aus dem Text, wie Aschenbach das Aussehen Tadzios und dessen Wirkung empfindet. Stellen Sie Ihre Arbeitsergebnisse auf einer Overheadfolie zusammen und bestimmen Sie einen Gruppensprecher, der Ihren Mitschülern die Resultate präsentiert.

Gruppe II:

Textgrundlage: Strandszene, S. 60–63

Aufgabenstellung: Erarbeiten Sie aus dem Text, wie Aschenbach den Klang des Namens „Tadzio" sowie das Verhalten des Umfelds gegenüber Tadzio wahrnimmt. Stellen Sie Ihre Arbeitsergebnisse auf einer Overheadfolie zusammen und bestimmen Sie einen Gruppensprecher, der Ihren Mitschülern die Resultate präsentiert.

Gruppe III:

Textgrundlage: Badeszene, S. 63–65

Aufgabenstellung: Erarbeiten Sie aus dem Text, wie Aschenbach das Bad Tadzios im Meer wahrnimmt und in welcher Rolle er sich selbst gegenüber Tadzio sieht. Stellen Sie Ihre Arbeitsergebnisse auf einer Overheadfolie zusammen und bestimmen Sie einen Gruppensprecher, der Ihren Mitschülern die Resultate präsentiert.

Gruppe IV:

Textgrundlage: Liftszene, S. 65–66

Aufgabenstellung: Erarbeiten Sie aus dem Text, welche Beobachtungen Aschenbach bei seiner Begegnung mit Tadzio macht. Stellen Sie Ihre Arbeitsergebnisse auf einer Overheadfolie zusammen und bestimmen Sie einen Gruppensprecher, der Ihren Mitschülern die Resultate präsentiert.

Die Rechtfertigungsstrategien Aschenbachs

Expertengruppe I:

Textgrundlage: S. 82–83

Aufgabenstellung:
Untersuchen Sie die angegebene Textstelle auf die Frage, womit das Interesse Aschenbachs an Tadzio begründet wird. Stellen Sie außerdem Mutmaßungen an, welche versteckte Absicht des Betrachters sich dahinter verbergen dürfte.

Expertengruppe II:

Textgrundlage: S. 83–84

Aufgabenstellung:
Untersuchen Sie die angegebene Textstelle auf die Frage, welche Reflexionen Aschenbach in Bezug auf Tadzio anstellt. Stellen Sie außerdem Mutmaßungen an, welche versteckte Absicht des Betrachters sich dahinter verbergen dürfte.

Expertengruppe III

Textgrundlage: S. 85–86

Aufgabenstellung:
Untersuchen Sie die angegebene Textstelle auf die Frage, mit welchen Assoziationen Aschenbach Tadzio in Verbindung bringt. Stellen Sie außerdem Mutmaßungen an, welche versteckte Absicht des Betrachters sich dahinter verbergen dürfte.

Expertengruppe IV:

Textgrundlage: S. 86–88

Aufgabenstellung:
Untersuchen Sie die angegebene Textstelle auf die Frage, was die Beschäftigung mit Tadzio bei Aschenbach auslöst. Stellen Sie außerdem Mutmaßungen an, welche versteckte Absicht des Betrachters sich dahinter verbergen dürfte.

Nietzsches Unterscheidung zwischen dem apollinischen und dem dionysischen Künstler

■ *Betrachten Sie die beiden Werke und stellen Sie sich vor, Sie stünden jeweils für eine Form künstlerischen Schaffens. Wie würden Sie die beiden Künstlertypen charakterisieren?*

Abbildung 1:

Karl Heinz Adler:
Folienbeschichtung mit blauem Punkt (1977/79)

Abbildung 2:

Franz Marc:
Kämpfende Formen (1914)

Nietzsche: Das Dionysische und das Apollinische

Apollo und Dionysios, der Gott der Erkenntnis, der Klarheit und des Maßes und der Gott des Rausches, der Verzückung und des Unmaßes, dienen Nietzsche in den ersten Kapiteln der „Geburt der Tragödie" zu seiner berühmten Unterscheidung des Apollinischen und des Dionysischen. Nietzsches wichtigste Unterscheidungskriterien zeigt das folgende Schema:

Apollinisch	Dionysisch
Plastik	Musik
Gehen, Sprechen	Tanzen, Singen
Traum	Rausch
Form	Unform
Vertrauen auf principio individuationis	Zerbrechen des p. i.
Raum und Zeit	Ewigkeit
Kausalität	Heiliger Wahnsinn
Selbstgewissheit	Selbstvergessenheit
Nüchternheit	Verzückung
Illusionäre Sicherheit	Grausen
Das maßvolle und kontemplative Leben des Erkennenden	Das glühende Leben dionysischer Schwärmer

Das Dionysische ist lockend und gefährlich zugleich. Es ist lockend, weil es alles verspricht: die Aufhebung der Individuation, die Erlösung vom Leiden, den hemmungslosen Genuss. Es ist gefährlich, weil der Mensch dabei zugrunde geht.

Begriffserklärung: principio individuationis = lat., Prinzip der Individuation, also des Entstehens einer Individualität

Nach: Hermann Kurzke: Thomas Mann – Epoche, Werk, Wirkung. München: Verlag C. H. Beck, 2. Auflage 1991, S. 124

■ *Finden Sie für möglichst viele der aufgeführten Aspekte entsprechende Textbelege.*

Ein Standbild bauen

Gruppe I

Gruppenmitglieder: _____

■ *Stellen Sie das auf den Seiten 50–54 zum Ausdruck kommende Verhältnis zwischen Aschenbach und Tadzio im Rahmen eines aussagekräftigen Standbilds dar.*

* * *

Informationen zum Thema „Standbilder"

1. Was ist ein Standbild?

Ein Standbild ist einem Monument vergleichbar, das durch eine bewegungslos verharrende Person oder Personengruppe gebildet wird. Die im Standbild dargestellte Körpersprache dient der nonverbalen Interpretation einer bestimmten Thematik.

2. Wie gestaltet man ein Standbild?

Lesen Sie die angegebene Textstelle und einigen Sie sich auf die wesentlichen Inhalte des Standbilds. Zwei Schüler übernehmen die Rollen Aschenbachs und Tadzios, die übrigen fungieren als „Bildhauer", die mithilfe der beiden Darsteller das Standbild modellieren. Im Rahmen der Präsentationsphase stellen sich die Gruppen gegenseitig ihre Standbilder vor, wobei jeweils ein Gruppenmitglied als Sprecher agiert.

3. Wie ist der zeitliche Ablauf zu organisieren?

Der Zeitplan stellt sich folgendermaßen dar:
10 Minuten Auswerten der Textstelle in Stillarbeit
10 Minuten Aussprache über Standbild
10 Minuten Aufbau
15 Minuten Präsentation und Diskussion

4. Welche Hilfsmittel sind erlaubt?

Neben den Möglichkeiten der Körpersprache (Haltung, Mimik, Gestik) können alle Requisiten benutzt werden, die sich im Klassenzimmer finden lassen (Tafel, Kleidungsstücke, Papier, …).

Ein Standbild bauen

Gruppe II

Gruppenmitglieder: _____

▪ *Stellen Sie das auf den Seiten 59–65 zum Ausdruck kommende Verhältnis zwischen Aschenbach und Tadzio im Rahmen eines aussagekräftigen Standbilds dar.*

* * *

Informationen zum Thema „Standbilder"

1. Was ist ein Standbild?

Ein Standbild ist einem Monument vergleichbar, das durch eine bewegungslos verharrende Person oder Personengruppe gebildet wird. Die im Standbild dargestellte Körpersprache dient der nonverbalen Interpretation einer bestimmten Thematik.

2. Wie gestaltet man ein Standbild?

Lesen Sie die angegebene Textstelle und einigen Sie sich auf die wesentlichen Inhalte des Standbilds. Zwei Schüler übernehmen die Rollen Aschenbachs und Tadzios, die übrigen fungieren als „Bildhauer", die mithilfe der beiden Darsteller das Standbild modellieren. Im Rahmen der Präsentationsphase stellen sich die Gruppen gegenseitig ihre Standbilder vor, wobei jeweils ein Gruppenmitglied als Sprecher agiert.

3. Wie ist der zeitliche Ablauf zu organisieren?

Der Zeitplan stellt sich folgendermaßen dar:
10 Minuten Auswerten der Textstelle in Stillarbeit
10 Minuten Aussprache über Standbild
10 Minuten Aufbau
15 Minuten Präsentation und Diskussion

4. Welche Hilfsmittel sind erlaubt?

Neben den Möglichkeiten der Körpersprache (Haltung, Mimik, Gestik) können alle Requisiten benutzt werden, die sich im Klassenzimmer finden lassen (Tafel, Kleidungsstücke, Papier, …).

Ein Standbild bauen

Gruppe III

Gruppenmitglieder: _____

■ *Stellen Sie das auf den Seiten 94–97 zum Ausdruck kommende Verhältnis zwischen Aschenbach und Tadzio im Rahmen eines aussagekräftigen Standbilds dar.*

* * *

Informationen zum Thema „Standbilder"

1. Was ist ein Standbild?

Ein Standbild ist einem Monument vergleichbar, das durch eine bewegungslos verharrende Person oder Personengruppe gebildet wird. Die im Standbild dargestellte Körpersprache dient der nonverbalen Interpretation einer bestimmten Thematik.

2. Wie gestaltet man ein Standbild?

Lesen Sie die angegebene Textstelle und einigen Sie sich auf die wesentlichen Inhalte des Standbilds. Zwei Schüler übernehmen die Rollen Aschenbachs und Tadzios, die übrigen fungieren als „Bildhauer", die mithilfe der beiden Darsteller das Standbild modellieren. Im Rahmen der Präsentationsphase stellen sich die Gruppen gegenseitig ihre Standbilder vor, wobei jeweils ein Gruppenmitglied als Sprecher agiert.

3. Wie ist der zeitliche Ablauf zu organisieren?

Der Zeitplan stellt sich folgendermaßen dar:
10 Minuten Auswerten der Textstelle in Stillarbeit
10 Minuten Aussprache über Standbild
10 Minuten Aufbau
15 Minuten Präsentation und Diskussion

4. Welche Hilfsmittel sind erlaubt?

Neben den Möglichkeiten der Körpersprache (Haltung, Mimik, Gestik) können alle Requisiten benutzt werden, die sich im Klassenzimmer finden lassen (Tafel, Kleidungsstücke, Papier, …).

Ein Standbild bauen

Gruppe IV

Gruppenmitglieder: _____

■ *Stellen Sie das auf den Seiten 131–133 zum Ausdruck kommende Verhältnis zwischen Aschenbach und Tadzio im Rahmen eines aussagekräftigen Standbilds dar.*

* * *

Informationen zum Thema „Standbilder"

1. Was ist ein Standbild?

Ein Standbild ist einem Monument vergleichbar, das durch eine bewegungslos verharrende Person oder Personengruppe gebildet wird. Die im Standbild dargestellte Körpersprache dient der nonverbalen Interpretation einer bestimmten Thematik.

2. Wie gestaltet man ein Standbild?

Lesen Sie die angegebene Textstelle und einigen Sie sich auf die wesentlichen Inhalte des Standbilds. Zwei Schüler übernehmen die Rollen Aschenbachs und Tadzios, die übrigen fungieren als „Bildhauer", die mithilfe der beiden Darsteller das Standbild modellieren. Im Rahmen der Präsentationsphase stellen sich die Gruppen gegenseitig ihre Standbilder vor, wobei jeweils ein Gruppenmitglied als Sprecher agiert.

3. Wie ist der zeitliche Ablauf zu organisieren?

Der Zeitplan stellt sich folgendermaßen dar:
10 Minuten Auswerten der Textstelle in Stillarbeit
10 Minuten Aussprache über Standbild
10 Minuten Aufbau
15 Minuten Präsentation und Diskussion

4. Welche Hilfsmittel sind erlaubt?

Neben den Möglichkeiten der Körpersprache (Haltung, Mimik, Gestik) können alle Requisiten benutzt werden, die sich im Klassenzimmer finden lassen (Tafel, Kleidungsstücke, Papier, …).

Ein Standbild bauen

Gruppe V

Gruppenmitglieder: _____

■ *Stellen Sie das auf den Seiten 136–139 zum Ausdruck kommende Verhältnis zwischen Aschenbach und Tadzio im Rahmen eines aussagekräftigen Standbilds dar.*

* * *

Informationen zum Thema „Standbilder"

1. Was ist ein Standbild?

Ein Standbild ist einem Monument vergleichbar, das durch eine bewegungslos verharrende Person oder Personengruppe gebildet wird. Die im Standbild dargestellte Körpersprache dient der nonverbalen Interpretation einer bestimmten Thematik.

2. Wie gestaltet man ein Standbild?

Lesen Sie die angegebene Textstelle und einigen Sie sich auf die wesentlichen Inhalte des Standbilds. Zwei Schüler übernehmen die Rollen Aschenbachs und Tadzios, die übrigen fungieren als „Bildhauer", die mithilfe der beiden Darsteller das Standbild modellieren. Im Rahmen der Präsentationsphase stellen sich die Gruppen gegenseitig ihre Standbilder vor, wobei jeweils ein Gruppenmitglied als Sprecher agiert.

3. Wie ist der zeitliche Ablauf zu organisieren?

Der Zeitplan stellt sich folgendermaßen dar:
10 Minuten Auswerten der Textstelle in Stillarbeit
10 Minuten Aussprache über Standbild
10 Minuten Aufbau
15 Minuten Präsentation und Diskussion

4. Welche Hilfsmittel sind erlaubt?

Neben den Möglichkeiten der Körpersprache (Haltung, Mimik, Gestik) können alle Requisiten benutzt werden, die sich im Klassenzimmer finden lassen (Tafel, Kleidungsstücke, Papier, …).

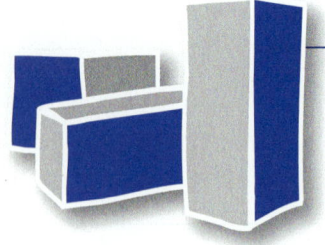

Baustein 4

Komposition und Sprache des Werks

Die Gattungsbezeichnung „Novelle" wählte Thomas Mann bewusst als Untertitel für den „Tod in Venedig". Im Folgenden geht es zunächst darum, diese Zuordnung anhand einer Definition des Novellenbegriffs nachzuvollziehen. Eng mit diesem Aspekt verknüpft ist die Frage nach der Nähe der Novelle zur dramatischen Form. Aus den Kriterien für die Novelle lassen sich außerdem Anforderungen an die narrative Textstruktur entnehmen, die in der für Novellen typischen Verklammerung mittels einer oder mehrerer Leitmotive besteht. Die systematische Untersuchung dieser die Erzählung prägenden Dingsymbole beziehungsweise Motivkreise macht den Schülerinnen und Schülern deren kompositorische Funktion deutlich. Die ergänzende sprachliche Analyse der entsprechenden Textpassagen eröffnet zudem eine Perspektive auf das hohe stilistische Können Thomas Manns.

4.1 Gattungsfragen

Mit dem Untertitel zum „Tod in Venedig" stellt sich Thomas Mann ausdrücklich in die literarische Tradition der europäischen Novelle. Eine kritische Überprüfung dieses Anspruchs zeigt, dass sich im „Tod in Venedig" die Kennzeichen dieser Gattung geradezu paradigmatisch verkörpern. So konzentriert sich der Autor auf ein bestimmtes, in den Augen der damaligen Gesellschaft „unerhörtes" Ereignis, nämlich die homoerotische Knabenliebe eines alternden Schriftstellers. Der im Inneren Aschenbachs tobende Konflikt zwischen der Beibehaltung seiner bürgerlichen Identität und dem Ausleben seiner homosexuellen Leidenschaft bildet den zentralen Handlungsstrang, der sich in einem dramatischen Spannungsbogen realisiert. Ihm sind sämtliche scheinbaren Nebenhandlungen, wie zum Beispiel der Ausbruch der Cholera, untergeordnet. Das sich in Gestalt der Todesboten manifestierende zentrale Dingsymbol ist ein weiteres typisches Kennzeichen der Novelle, wie auch die in den Schilderungen der nächtlichen Träume Aschenbachs konstruierte symbolhafte Erzählebene.

Ausgehend vom Untertitel der Erzählung sollten die Schülerinnen und Schüler zunächst dazu ermuntert werden, ihr Vorwissen zum Begriff „Novelle" zusammenzutragen. Im nächsten Arbeitsschritt erhalten die Schülerinnen und Schüler eine einem Schulbuch entnommene Definition des Novellenbegriffs (vgl. **Arbeitsblatt 21**, S. 91). Diese ist im Weiteren systematisch auszuwerten und auf die Novelle Thomas Manns zu übertragen. Dies kann in Stillarbeit oder in Partner- bzw. Gruppenarbeit durchgeführt werden.

Der Arbeitsauftrag an die Schülerinnen und Schüler könnte folgendermaßen lauten:

■ *Stellen Sie die wesentlichen Kennzeichen einer Novelle zusammen und überprüfen Sie, inwieweit die im Text genannten Merkmale auf die Erzählung „Der Tod in Venedig" zutreffen.*

Baustein 4: Komposition und Sprache des Werks

Zu erwarten ist folgendes Tafelbild:

„Der Tod in Venedig" als Novelle

Merkmale der Novelle	Bezug auf „Tod in Venedig"
Prosa-Erzählung über bestimmtes, ungewöhnliches Ereignis	Schilderung eines nicht alltäglichen Reiseerlebnisses
zentraler Konflikt, einsträngige Handlung, pointierter Höhepunkt	Konzentration auf Aschenbachs Konflikt zwischen Bürgerlichkeit und Sinnlichkeit
unerhörte Begebenheit	provokante Thematik: homosexuelle Liebe
Motive des Traumhaften, Symbolischen	erzählerische Darstellung von Träumen bzw. symbolhafter Bezüge
Nähe zur dramatischen Form	Spannungsbogen mit Höhepunkt
zentrale Dingsymbole	Todesboten; daneben weitere Motivgruppen, z. B. Gesichter der Stadt Venedig, Todessymbolik, …

➡ **Ergebnis: Die Erzählung verwirklicht sämtliche wichtigen Merkmale der Novelle.**

Die behandelte Novellendefinition beinhaltet auch die bekannte Aussage Theodor Storms, der die Novelle geradezu als „Schwester des Dramas" betrachtet. Diese Verwandtschaft äußert sich primär in der Zuspitzung und Auflösung eines zentralen, die gesamte Novelle motivierenden Konflikts. Will man diesen Aspekt im Unterricht vertiefen, so bietet sich der Einbezug einer zur Entstehungszeit der Erzählung maßgeblichen dramentheoretischen Darstellung an. Dabei handelt es sich um das aus der Feder Gustav Freytags (1816–1895) stammende, erstmals im Jahre 1863 erschienene Werk „Technik des Dramas". Darin formuliert der Autor gewissermaßen eine Quintessenz des abendländischen Dramas von Aristoteles bis Schiller. Im Mittelpunkt steht bekanntlich sein pyramidales Modell des fünfaktigen Dramas.

Das **Arbeitsblatt 22**, S. 92 zeigt Auszüge aus den Ausführungen, in denen Freytag die idealtypischen Anforderungen an die Gestaltung der fünf Akte charakterisiert. Im Einzelnen handelt es sich dabei um die Einleitung, die Steigerung, den Höhepunkt, die fallende Handlung sowie die Auflösung. Von den bei Freytag zusätzlich genannten drei szenischen Wirkungen – das erregende Moment, das tragische Moment, das Moment der letzten Spannung – ist nur das erstgenannte Moment berücksichtigt. Die beiden anderen betrachtete Freytag selbst als nicht unbedingt nötig für die Wirkung des Dramas. Ein Vergleich zwischen den abstrahierenden Ausführungen Freytags und der literarischen Schöpfung Manns führt den Schülern die „dramatische Seele" dieser Novelle sehr anschaulich vor Augen.

Für die Bearbeitung eignet sich vor allem eine Partner- oder Gruppenarbeit. Der Arbeitsauftrag an die Klasse lautet:

■ *Untersuchen Sie anhand der Ausführungen Freytags die Nähe der Novelle „Der Tod in Venedig" zur dramatischen Form.*

Die Ergebnisse werden im **Arbeitsblatt 23a**, S. 94 eingetragen und anschließend gemeinsam verglichen. Das **Arbeitsblatt 23b**, S. 95 enthält einen entsprechenden Lösungsvorschlag, der die fünf Kapitel der Novelle in Beziehung zu den fünf Akten Freytags setzt. Dabei erscheint es textgerecht, die Reihenfolge der Kapitel beizubehalten. Es sei jedoch darauf hingewiesen, dass die germanistische Forschung im Kapitel 2 eher eine nachgestellte Exposition sieht.

Kapitel 1 hätte dann folgerichtig die Funktion der dramatischen Steigerung (Kurzke, Thomas Mann, S. 121–122).

Im Zusammenhang mit der Novellenform der Erzählung bieten sich außerdem Gelegenheiten für Schülerreferate. So lässt sich die Novelle Manns in die epische Tradition der Künstlernovelle beziehungsweise des Künstlerromans seit dem 18. Jahrhundert einbetten. Ebenfalls denkbar ist es, die Künstlerthematik im „Tod in Venedig" in Bezug zu anderen Werken Thomas Manns zu setzen, beispielsweise zu „Tonio Kröger" oder auch zu „Doktor Faustus". Themenvorschläge finden sich am Ende dieses Bausteins.

4.2 Die Todesboten und andere Leitmotive

Die Strukturmerkmale der Novelle intendieren den Einbezug zentraler Dingsymbole, die als inhaltliches Kohärenzmittel wirken und damit die innere Verwobenheit der Erzählteile verstärken. Im „Tod in Venedig" ist dabei in erster Linie an die sogenannten Todesboten zu denken – Figuren, die nicht als Handlungsträger im engeren Sinne fungieren, sondern in ihrer düsteren Rätselhaftigkeit Vorausdeutungen auf den Tod Aschenbachs darstellen. Die Ähnlichkeit in ihrem jeweiligen Aussehen und Auftreten unterstreicht die direkten inhaltlichen Bezüge und Verweisungen aufeinander. Daneben bedient sich Thomas Mann jedoch noch zahlreicher weiterer Dingsymbole: So bilden beispielsweise die Schilderungen der Stadt Venedig ebenso einen in sich verwobenen Deutungskomplex wie die Stimmungen des Meeres oder auch die unterschiedlichen Wetterlagen, die den inneren Zustand Aschenbachs illustrieren beziehungsweise kommentieren. Hinter diesem konzentrierten Einsatz von Leitmotiven durch Thomas Mann lässt sich im Übrigen die Inspiration durch Richard Wagner vermuten, der sich in seinen Musikdramen einer vergleichbaren Technik bediente.

Der erste Todesbote begegnet Aschenbach auf seinem Spaziergang über den Münchner Nordfriedhof, also an exponierter Position gleich zu Beginn der Erzählung (S. 11–13). Die Analyse dieser Figur macht die Schülerinnen und Schüler mit der in der Novelle häufig gebrauchten Montagetechnik bekannt. Dabei erkennen sie, dass sich Thomas Mann zahlreicher Vorlagen und Motive heterogener Herkunft bediente, aus denen er sich Anregungen für seine teils äußerst anspielungsreich gestaltete Figurenbeschreibung holte. Überdies wird mit der Behandlung der Figur des Wanderers ein Untersuchungsraster eingeführt, das im Anschluss auf andere Todesboten übertragen wird.

Zunächst wird die Textstelle gemeinsam gelesen. Alternativ kann ein Hörbuch eingesetzt werden. Anschließend werden die Schülerinnen und Schüler aufgefordert, ihre Assoziationen zu dieser Figur zu artikulieren und vergleichbare Gestalten aus anderen Teilen der Novelle anzuführen.

■ *Formulieren Sie Ihre persönlichen Assoziationen, die Sie sich zur Figur des Wanderers gebildet haben, und überlegen Sie, ob dem Leser in der Novelle noch weitere, vergleichbare Gestalten begegnen.*

Nach dieser Annäherung wird die Klasse mit einem wissenschaftlichen Text konfrontiert (**Arbeitsblatt 24**, S. 96), der gemeinsam gelesen wird. Nach der Klärung nicht verstandener Aussagen werden die Schülerinnen und Schüler gebeten, folgenden Arbeitsauftrag in Gruppenarbeit auszuführen:

■ *Erarbeiten Sie aus dem Text die verschiedenen Motivgruppen, auf deren Grundlage Thomas Mann die Figur des Wanderers entwickelte, und entwerfen Sie ein aussagekräftiges Tafelbild, das die wesentlichen Ergebnisse in anschaulicher Form darstellt. Skizzieren Sie dieses auf einer Overheadfolie.*

Im folgenden Unterrichtsgespräch stellen die Gruppen ihre Ergebnisse vor und diskutieren diese. Der beste Tafelbildentwurf wird von der Klasse übernommen.

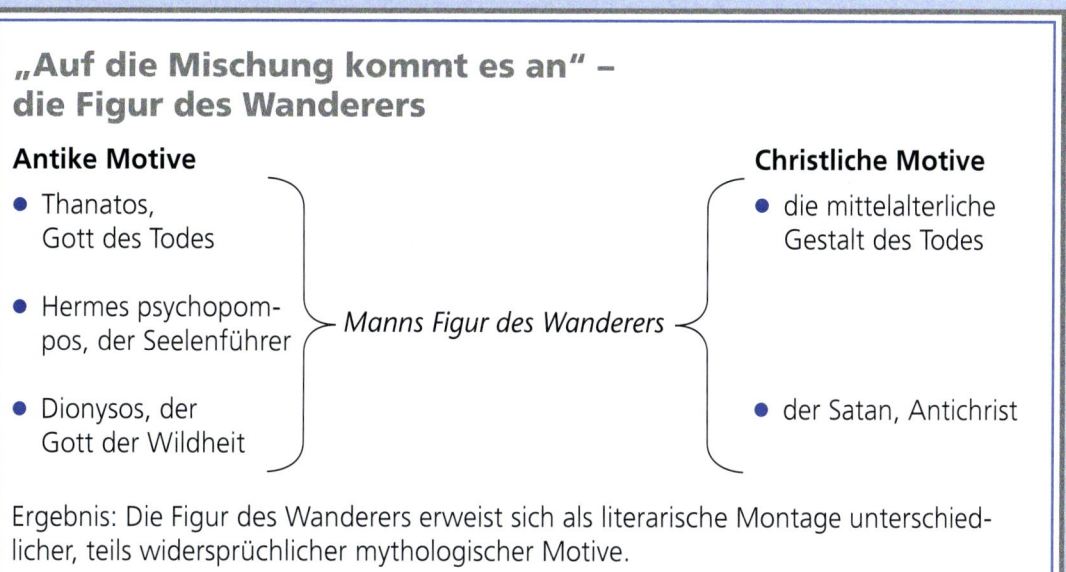

In einem weiteren Schritt ist die Beschreibung des Wanderers detailliert aufzuschlüsseln. Dazu kann das auf dem **Arbeitsblatt 25a**, S. 97 enthaltene Raster genutzt werden, das den Schülerinnen und Schülern auf einer Overheadfolie präsentiert und gemeinsam ausgefüllt wird.
Dabei werden folgende Punkte berücksichtigt:
Allgemeiner Eindruck: Herkunft, Statur, Auftreten
Gesicht: Haut, Mundpartie, Nase, Haare/Bart
Bekleidung: Kleidung, Gegenstände
Danach werden drei weitere wichtige Todesboten in Gruppenarbeit erschlossen. Im Einzelnen handelt es sich dabei um folgende Figuren:

Der Greis auf dem Schiff (S. 34–35, 40–41)
Der Gondoliere (S. 43–44)
Der Straßenmusiker (S. 111–113)

Hierzu nutzen die Gruppen die **Arbeitsblätter 25b – d**, S. 98–100, die ihnen wiederum als Folie ausgehändigt werden. Anschließend werden die Gruppenergebnisse verglichen, um Gemeinsamkeiten in der Beschreibung der betreffenden Todesboten herauszustellen. Zu diesem Zweck legt die Lehrkraft nochmals das ausgefüllte **Arbeitsblatt 25a**, S. 97 auf. Die einzelnen Gruppen trennen inzwischen das Untersuchungsschema auf ihrer Folie mit einer Schere ab. So ist sichergestellt, dass jeweils zwei der Gruppenergebnisse auf dem Overheadprojektor nebeneinander Platz finden und die einzelnen Folien schrittweise miteinander verglichen werden können.
Als Alternative ist es übrigens ebenso denkbar, dass die Schülerinnen und Schüler ein eigenes Schema ausarbeiten und auf die einzelnen Todesboten anwenden.
Als weiterführende Interpretationsaufgabe bietet sich die Frage an, ob die Figur Tadzios in einem gewissen Sinne ebenfalls in die Reihe der Todesboten gestellt werden kann.
Der entsprechende Arbeitsauftrag, der sich für Stillarbeit ebenso wie für eine Hausaufgabe eignet, lautet:

■ *Untersuchen Sie, inwieweit die Figur des Tadzio ebenfalls als Todesbote interpretiert werden kann.*

Mögliche Aspekte, die für eine solche Interpretation sprechen, sind beispielsweise:
- Im Aussehen Tadzios finden sich Andeutungen des Todes (vgl. S. 66).
- In der Schlussszene wird Tadzio zum „Seelenführer", der Aschenbach ins Jenseits winkt (vgl. S. 139).

Dagegen spricht wiederum:
- Tadzio stellt keineswegs eine rätselhafte Figur dar, seine Identität ist klar.
- Tadzio fungiert eigentlich nicht als Vorausdeuter, sondern als Auslöser des Untergangs Aschenbachs.

Als Abrundung dieses Aufgabenbereichs bietet sich eine kreative Schreibarbeit an.

> *Stellen Sie sich vor, Thomas Mann würde den auf S. 75 auftretenden Hotelmanager als Todesbote beschreiben. Wandeln Sie die einschlägige Textpassage entsprechend ab. Greifen Sie dabei auf die Beschreibungen der anderen Todesboten zurück.*

Neben den Todesboten lassen sich auch andere Leitmotivkomplexe im Rahmen einer Textanalyse heranziehen. So entfaltet beispielsweise der Handlungsort Venedig mit seinem im Verlauf der Erzählung immer stärker und eindeutiger werdenden Zug zur Morbidität eine intensive narrative Wirkung. Konkret bieten sich folgende Textpassagen für eine nähere Betrachtung an:

- Die meerseitige Annäherung an Venedig (S. 37–40): Anders als gewohnt empfängt die Stadt den Reisenden dieses Mal nicht mit „Glanze", sondern mit einem trüben Horizont und Nieselregen. Aschenbach überkommen entsprechend schwermütige Assoziationen, da er an die dunkel-melancholischen Gedichte von August Graf von Platen (1796–1835) denkt. Die Wirkung der prächtigen Silhouette des Landungsplatzes vor San Marco evoziert Thomas Mann als unwirkliche Szenerie, wenn er die „blendende Komposition fantastischen Bauwerks" beschreibt, von einem „Märchentempel" spricht und Venedig als „unwahrscheinlichste der Städte" bezeichnet.
- Die ersten Spuren der Cholera (S. 98–99): Auf der „Schattenseite des Platzes" von San Marco sitzend, bemerkt Aschenbach ein „eigentümliches Arom", den „süßlich-offizinellen" Geruch von Desinfektionsmitteln. Beschönigende Aushänge der Stadtverwaltung werden von den Einheimischen mit Schweigen gelesen. Dem Touristen Aschenbach bleibt angesichts dieser Mauer des Schweigens nur, „spürend und grübelnd unter ihnen" zu stehen. Ein von Aschenbach zu seinem Verdacht befragter Ladeninhaber lehnt „zwischen Korallenschnüren und falschen Amethyst-Geschmeiden", was die Doppelbödigkeit der Situation unterstreicht.
- Die Gondelfahrt durch die kranke Stadt (S. 102–104): Aschenbach verfolgt die Familie Tadzios, die mit einer Gondel in den Kanälen Venedigs unterwegs ist. In der Textpassage beschwört der Autor einerseits eine düstere Atmosphäre, vereint diese aber zugleich mit der Schilderung eines geradezu orientalisch anmutenden Gepräges der Stadt, wenn er von „arabischen Fensterumrahmungen" schreibt, die sich „im Trüben" abbilden. Die Unwirklichkeit der Stadt wird damit in die Nähe der sinnlich-geheimnisvollen Märchenwelten des Orients gerückt. Zudem wird Venedig, die „schmeichlerische und verdächtige Schöne", als „halb Märchen, halb Fremdenfalle" bezeichnet, die den Fremden einlullt, weil sie ihre Krankheit „aus Gewinnsucht verheimliche".

Die durch die Textarbeit gewonnenen Erkenntnisse lassen sich durch weiterführende Projektaufträge ergänzen beziehungsweise abrunden. So könnten die Schülerinnen und Schüler eine Bildersuche im Internet durchführen und Fotografien von Venedig recherchieren, mit denen sich die düster-verfallene Grundstimmung der Mann'schen Erzählung illustrieren lässt. Alternativ könnten die Schülerinnen und Schüler auch dazu angeregt werden, ihre eigene Heimatstadt als möglichen Spielort der Novelle zu sehen und sich auf die Suche nach geeigneten Fotomotiven begeben. Eine solcher Art entstandene Fotoreihe könnte dann im Rahmen einer kleinen Ausstellung im Schulgebäude präsentiert werden.

Andere Leitmotive der Novelle:

Das Meer
Belegstellen: S. 36–38, 59–60, 63–64, 136–139

Das Wetter
Belegstellen: S. 10, 36–37, 54–55, 67–69, 77–78, 131, 136–137

4.3 Ironische Erzähltechnik und Stil

Ironie, also die Relativierung des geschriebenen Wortes zum Zwecke der inneren Distanzierung, stellt ein Grundelement Mann'schen Erzählens dar. Im „Tod in Venedig" zeigt sich dies im Abstand zur Person Aschenbachs, den der Erzähler immer wieder durchblicken lässt. Besonders deutlich wird dies im zweiten Kapitel, in dem Leben und Lebensleistung der Hauptfigur beschrieben werden.
Die Klasse wird zunächst aufgefordert, den Begriff „Ironie" zu definieren. Die Lehrkraft kann unterschiedliche Erklärungsversuche an der Tafel sammeln und anschließend gemeinsam mit den Schülern besprechen. Dabei sollten folgende Facetten des Begriffs zur Sprache kommen:

- Ironie meint das Gegenteil des tatsächlich Gesagten.
- Ironie ist eine Form feinen, nicht offensichtlichen Spotts.
- Die offene, verletzende Spielart der Ironie steht dem Zynismus nahe.

Anschließend wird das zweite Kapitel in Stillarbeit auf ironische Aussagen hin überprüft. Der entsprechende Arbeitsauftrag lautet:

> *Sammeln Sie im zweiten Kapitel der Novelle ironische Aussagen des Erzählers und überlegen Sie, was jeweils tatsächlich gemeint sein könnte.*

Die Ergebnisse lassen sich in einem Tafelbild zusammenstellen:

Aschenbach und sein ironischer Erzähler

Belegstelle	Aussage	Intendierte Aussage
S. 20	Aschenbach trägt würdevoll die Bürde des Ruhms.	Aschenbachs Aufstieg ist von einer tiefsitzenden Geltungssucht bestimmt.
S. 22	Schriftstellerisches Schaffen wird als sakrale Opferhandlung beschrieben.	Aschenbach inszeniert sich selbst als Hohepriester der Kultur.
S. 25	Aschenbach ist Vorbild für überforderte Idealisten der Leistung.	Aschenbach ist Vorbild für mittelmäßige Ehrgeizlinge.
S. 26	Der reife Aschenbach distanziert sich vom destruktiven „Psychologismus".	Aschenbach verdrängt innere Konflikte und Selbstzweifel.
S. 28	Kritik am bürgerlichen Aufstieg Aschenbachs ist Kennzeichen „ewigen Zigeunertums".	Aschenbach biedert sich um seines persönlichen Erfolges willen der bürgerlichen Gesellschaft an.
S. 29	Aschenbach wird mit Ludwig XIV. verglichen.	Aschenbach beansprucht eine gleichsam absolutistische, monarchengleiche Stellung im kulturellen Leben.
S. 30	Die geistigen Abenteuer der Literatur haben Aschenbach gezeichnet.	Aschenbach hat niemals Abenteuer im echten Leben bestanden.

Ergebnis: Mit dem Mittel der Ironie schafft der Erzähler Distanz zu seiner Figur und stellt dadurch deren positives Selbstbild infrage.

In einem weiteren, fakultativen Arbeitsschritt kann man den psychologischen Ursachen für die ironische Weltsicht Manns auf den Grund gehen. Hierzu bietet sich beispielsweise der Text „Thomas Mann und die ironische Weltanschauung" (**Arbeitsblatt 26**, S. 102) an, der aus dem Manuskript einer Radiosendung stammt, die anlässlich des fünfzigsten Todestages am 8. August 2005 gesendet wurde.

Was die sprachliche Gestaltung der Novelle anbelangt, so gilt Thomas Mann zu Recht als der größte Stilist der deutschen Sprache im 20. Jahrhundert. Dazu trägt seine Meisterschaft in der Satzkonstruktion ebenso bei wie sein außerordentliches Gefühl für die Wortwahl, mit der er spielerisch feinste Schattierungen und Differenzierungen auszudrücken vermag.

Eine exemplarische Analyse zweier für den Mann'schen Stil typischen Sätze erlaubt den Schülerinnen und Schülern eine Annäherung an das Können des Autors. Für den folgenden Arbeitsauftrag wurden zwei Sätze ausgewählt, die sich nicht nur als aufschlussreich in Syntax und Wortwahl erweisen, sondern auch direkt aufeinander bezogen sind, was ihnen eine besondere Spannung verleiht. Möglich ist sowohl Einzel- als auch Partnerarbeit.

Baustein 4: Komposition und Sprache des Werks

■ *Führen Sie für die beiden unten angegebenen Sätze eine vergleichende sprachliche Untersuchung durch und stellen Sie einen interpretatorischen Zusammenhang mit der Novellenhandlung her.*

Satz 1: „Der Autor [...] als Sohn eines höheren Justizbeamten geboren." (S. 18–19)

Satz 2: „Er saß dort [...] an seltsamer Traumlogik hervorbrachte." (S. 133–134)

Der Erwartungshorizont hängt bei dieser Aufgabe natürlich davon ab, inwieweit die Klasse mit sprachanalytischen Verfahren und Begriffen vertraut ist. Bei schwächeren Lerngruppen dürften konkrete Hilfestellungen für die Bearbeitung nötig sein. Ein vertiefter Lösungsvorschlag könnte so aussehen:

Satz 1 leitet das zweite Kapitel ein, in dem der Aufstieg Aschenbachs zu Ruhm und Würde geschildert wird. Satz 2 hingegen ist kurz vor dem tragischen Ende der Novelle zu finden: Aschenbach hat sich inmitten des choleraverseuchten Venedigs entwürdigt, sein großbürgerliches Selbstbild ist zerstört.

Satz 1 stellt ein imposantes Satzgefüge aus insgesamt 115 Wörtern dar, Satz 2 ist sogar noch um ein Wort länger. Auch das Bauprinzip ist ähnlich: Satz 1 besteht zunächst aus vier Subjekten, deren erstes durch ein Genitivattribut ergänzt ist, während die anderen drei durch teils komplexe Relativsatzgefüge erweitert sind. Mit diesen vier Subjekten beschreibt Thomas Mann Aschenbach zunächst als Schöpfer eines umfangreichen Werkkatalogs; bezeichnenderweise lautet das erste Nomen „der Autor". Erst dann folgt der eigentliche Hauptsatz, erst jetzt wird der Name der Hauptfigur genannt, gewissermaßen als gemeinsamer Nenner der vorangegangenen Subjekte. Im Vergleich zur zeilenfüllenden Werkinformation erscheint der nachgestellte Hauptsatz zu Aschenbachs Leben sehr kurz und nüchtern, einem Lexikoneintrag ähnlich. Der Satzbau verdeutlicht also das Missverhältnis zwischen der ernormen schriftstellerischen Leistung Aschenbachs und seinem ereignisarmen Leben. Satz 2 stellt eine Aneinanderreihung mehrerer in sich vollständiger Sätze und Satzgefüge dar. Er beginnt mit einem stark reduzierten und damit umso wirkungsvolleren Hauptsatz, der in einer Prägnanz und in seiner existenziellen Dimension an das biblische „Ecce homo" erinnert. Anschließend wird das Personalpronomen „Er" durch wiederum vier teils komplex strukturierte Subjekte konkretisiert, die den Inhalt des zweiten Kapitels rückschauend zusammenfassen. Ein Gedankenstrich bricht dies jedoch abrupt ab, um den Leser in die Gegenwart des fünften Kapitels zurückzuholen. Hierauf wird der einleitende Hauptsatz wiederholt, um durch die Anhängung vier weiterer Sätze fortgeführt zu werden. Durch die Wiederholung und Fortführung des Kernsatzes erhält das Personalpronomen „Er" ein viel stärkeres Gewicht gegenüber den Fakten zur Künstlerbiografie, als es Aschenbach in Satz 1 zukam.

Der Vergleich lässt sich auf der Wortebene fortsetzen: Die Wortwahl in Satz 1 korrespondiert mit der inhaltlichen Aussage über das Wesen des Künstlers Aschenbach („geduldig", „in langem Fleiß", „Schöpfer", „Reifezeit") und über die Natur seines Werks („klar", „mächtig", „stark", „ordnende Kraft"). Satz 2 dagegen betont die nunmehr offensichtlichen inneren Brüche in der Biografie. Hierzu verfremdet Thomas Mann den üblichen Sprachgebrauch, um dem Leser Bedeutungsverschiebungen anzudeuten: So steht beispielsweise die Formulierung „würdig gewordener Künstler" anstelle von „würdevoller Künstler", was die Künstlichkeit des Aschenbach'schen Selbstbilds betont. In die gleiche Reihe gehört „der Hochgestiegene" statt „der Aufgestiegene", was an stolzen Hochmut denken lässt. Die geschilderte Abwendung Aschenbachs von den Haltungen und Einstellungen seiner Jugendzeit lässt eher an pathetische Inszenierungen als an innere Umkehr denken: Aschenbach hat dem „Zigeunertum abgesagt", was ähnlich wie das „Entsagen" des christlichen Glaubensbekenntnisses klingt, und er hat „dem Zigeunertum [...] die Sympathie gekündigt", was an einen interessegeleiteten Geschäftsakt erinnert. Die erreichte gesellschaftliche Reputation wird mit subtilen sprachlichen Mitteln konterkariert: der „Ruhm" ist „amtlich" und damit von oben verordnet, und die „Knaben", die in Wirklichkeit Bezugspunkt der Homosexualität Aschenbachs darstellen, wurden dazu „angehalten", sich an seinem Stil zu bilden, während im Satz 1 noch von einer „ganzen dankbaren Jugend" die Rede gewesen war. Der große Autor des zweiten Kapitels gibt am Ende der Novelle nur noch verwirrte „einzelne Worte" wieder.

Vorschläge für Schülerreferate

- Geben Sie einen Überblick zur Geschichte des deutschsprachigen Künstlerromans zwischen dem 18. und 20. Jahrhundert.
- Stellen Sie Thomas Manns Novelle „Tonio Kröger" vor und vergleichen Sie die beiden Künstlerfiguren Kröger und Aschenbach.
- Stellen Sie Thomas Manns Roman „Doktor Faustus" vor und vergleichen Sie die beiden Künstlerfiguren Leverkühn und Aschenbach.
- Untersuchen Sie die symbolische Funktion folgender Objekte für die Novelle: Gondel (S. 41), Granatapfel (S. 109), Sanduhr (S. 117), Erdbeeren (S. 133).
- Vergleichen Sie die Überfahrt Aschenbachs nach Venedig mit dem Motiv der Hadesfahrt in der antiken Mythologie.
- Deuten Sie die häufigen Anspielungen auf die „Zähne" der jeweiligen Figuren im Kontext der Novellenhandlung.

Notizen

Die Novelle

Die Novelle (italienisch „novella" = Neuigkeit, zurückgehend auf altprovenzalisch „novela" = Prosaerzählung meist geringeren Umfangs, die ein ungewöhnliches, neues Ereignis berichtet) entstand in der italienischen Frührenaissance (G. Boccaccios Novellenzyklus *Das Dekameron*, 1349–1352). Eine Novelle kann definiert werden als eine Prosa, in selteneren Fällen eine Verserzählung von meist geringem Umfang, die ein bestimmtes, herausgehobenes, mehr oder weniger ungewöhnliches Ereignis berichtet, das als objektiv wahr dargestellt wird. Formmerkmale sind: ein zentraler Konflikt; straffe, meist einsträngige Handlung; pointiertes Hervortreten eines Höhe- beziehungsweise Wendepunkts. Goethe nannte die Novelle „eine sich ereignete unerhörte Begebenheit". In der Romantik wurde mit den Motiven des Märchens, des Traumhaften, des Symbolischen das Wunderbare in die reale Welt, die den Vordergrund der Erzählung bildete, eingeführt. Einen zweiten Höhepunkt erlebte die Novelle im Realismus. Th. Storm bezeichnete sie als die „Schwester des Dramas und die strengste Form der Prosadichtung", und er führt den Vergleich weiter aus: „Gleich dem Drama behandelt sie die tiefsten Probleme des Menschenlebens; gleich diesem verlangt sie zu ihrer Vollendung einen im Mittelpunkt stehenden Konflikt, von welchem aus das Ganze sich organisiert, und demzufolge die geschlossenste Form und die Ausscheidung alles Unwesentlichen." Der Schriftsteller Paul Heyse entwickelte im 19. Jahrhundert die Falkentheorie (in Anlehnung an eine Novelle aus dem *Dekamerone* so bezeichnet): Jede Novelle benötige als Mittelpunkt einen „Falken", d. h. ein stets wiederkehrendes Motiv, Bild oder Symbol von besonderer Eindringlichkeit.

Aus: Peter Mettenleiter, Stephan Knöbl: Blickfeld Deutsch – Oberstufe. Paderborn: Schöningh Verlag 2003, S. 267

■ *Stellen Sie die wesentlichen Kennzeichen einer Novelle zusammen und überprüfen Sie, inwieweit die im Text genannten Merkmale auf die Erzählung „Der Tod in Venedig" zutreffen.*

Die Theorie des fünfaktigen Dramas nach Gustav Freytag

Die Technik des Dramas (Auszug)

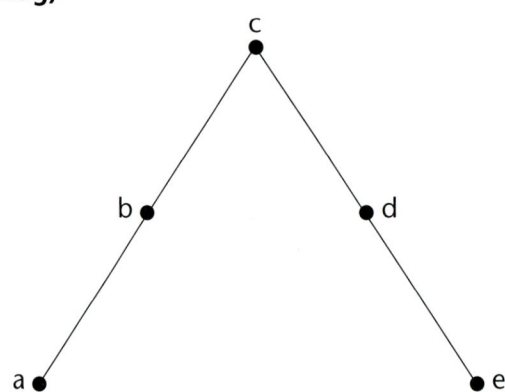

Durch die beiden Hälften der Handlung, welche in einem Punkt zusammenschließen, erhält das Drama – wenn man die Anordnung durch Linien verbildlicht – einen pyramidalen Bau. Es steigt vor der Einleitung mit dem Zutritt des erregenden Moments bis zu dem Höhepunkt und fällt von da bis zur Katastrophe. […] Diese Teile des Dramas, a) Einleitung, b) Steigerung, c) Höhepunkt, d) Fall oder Umkehr, e) Katastrophe, haben jeder Besonderes in Zweck und Baueinrichtung. […]

Die Einleitung. Da die Darstellung von Ort, Zeit, Volkstum und Lebensverhältnissen des Helden der Einleitung des Dramas zukommt, so wird diese zunächst das Umgebende kurz charakterisieren. Außerdem wird dem Dichter hier Gelegenheit gegeben, sowohl die eigentümliche Stimmung des Stückes wie in kurzer Ouvertüre anzudeuten als auch das Tempo desselben, die größere Leidenschaftlichkeit oder Ruhe, mit welcher die Handlung forteilt. […] Als Regel gelte, dass es nützlich ist, den ersten Akkord nach Eröffnung der Bühne so stark und nachdrücklich anzuschlagen, als der Charakter des Stückes erlaubt. […] Nun ist allerdings dieser Akkord des Anfangs nicht notwendig ein lautes Zusammentönen verschiedener Personen, sehr gut mögen auch kurze Seelenbewegungen der Hauptpersonen das erste Kräuseln kleiner Wellen andeuten, welches die Stürme des Dramas einzuleiten hat. […] Die Schwierigkeit, auch den Vertretern des Gegenspiels eine Stelle in der Einleitung zu geben, ist nicht unüberwindlich. […]

Das erregende Moment. Der Eintritt der bewegten Handlung findet an der Stelle des Dramas statt, wo in der Seele des Helden ein Gefühl oder Wollen aufsteigt, welches die Veranlassung zu der folgenden Handlung wird, oder wo das Gegenspiel den Entschluss fasst, durch seine Hebel den Helden in Bewegung zu setzen. […] Es muss durchaus nicht immer von außen in die Seele des Helden oder seines Gegenspielers dringen, es darf ebenso ein Gedanke, ein Wunsch, ein Entschluss sein, welcher durch eine Reihe von Vorstellungen aus dem Inneren des Helden selbst gelockt wird. […] Es steht im Anfange des Stückes […]. Es hat den Charakter eines Motivs, welches Richtung gibt und vorbereitet, nicht selbst einen Ruhepunkt darbietet. Es darf nicht unbedeutend sein, aber auch nicht so stark hervortreten, dass es nach der Empfindung der Zuschauer dem Folgenden zu viel vorwegnimmt, also die Spannung, die es erregen soll, verringert oder bereits über das Schicksal des Helden entscheidet. […]

Die Steigerung. Die Handlung ist in Bewegung gesetzt, die Hauptpersonen haben ihr Wesen dargelegt, die Teilnahme ist angeregt. In einer gegebenen Richtung hebt sich Stimmung, Leidenschaft, Verwicklung. […] War es nicht möglich, die wichtigsten Personen des Gegenspiels oder der Hauptgruppe im Vorhergehenden darzustellen, so muss ihnen jetzt ein Raum geschafft und Gelegenheit zu bedeutsamer Tätigkeit gegeben werden. Auch solche, welche erst in der zweiten Hälfte des Dramas wirksam sind, müssen dringend wünschen, sich schon jetzt dem Hörer bekannt zu machen. […]

Der Höhenpunkt des Dramas ist die Stelle des Stückes, in welcher das Ergebnis des aufsteigenden Kampfes stark und entschieden heraustritt. […] Allen Glanz der Poesie, alle dramatische Kraft wird der Dichter anzuwenden haben, um diesen Mittelpunkt seines Kunstwerks lebendig herauszuheben. Die höchste Bedeutung hat er freilich nur in den Stücken, in denen der Held die aufsteigende Handlung durch seine innern Seelenvorgänge treibt; bei den Dramen, welche durch das Gegenspiel steigen, bezeichnet er die allerdings wichtige Stelle, wo dies Spiel den Haupthelden gefangen und in die Richtung des Falles verlockt hat. […]

Der schwierigste Teil des Dramas ist die Szenenfolge der *fallenden Handlung* oder, wie sie wohl genannt wird, der *Umkehr*. [...] Bis zum Höhenpunkt war die Teilnahme an die eingeschlagene Richtung der Hauptcharaktere gefesselt. Nach der Tat entsteht eine Pause. Die Spannung muss auf das Neue erregt werden, dazu müssen neue Kräfte, vielleicht neue Rollen vorgeführt werden, an denen der Hörer erst Anteil gewinnen soll. Schon deshalb droht Zerstreuung und Zersplitterung der szenischen Wirkungen. [...] Und doch fordert die Umkehr eine starke Hebung und Verstärkung der szenischen Effekte wegen der Sättigung des Hörers, der größeren Bedeutung des Kampfes. [...]

Katastrophe des Dramas ist uns die Schlusshandlung [...]. In ihr wird die Befangenheit der Hauptcharaktere durch eine kräftige Tat aufgehoben. Je tiefer der Kampf aus ihrem innersten Leben hervorgegangen und je größer das Ziel desselben war, desto folgerichtiger wird die Vernichtung des unterliegenden Helden sein. Und es muss hier davor gewarnt werden, dass man sich nicht durch moderne Weichherzigkeit verleiten lasse, auf der Bühne das Leben seiner Helden zu schonen. Das Drama soll eine in sich abgeschlossene, gänzlich vollendete Handlung darstellen; hat der Kampf eines Helden in der Tat sein ganzes Leben ergriffen, so ist es nicht alte Überlieferung, sondern innere Notwendigkeit, dass man auch die vollständige Verwüstung des Lebens eindringlich mache.

Aus: Gustav Freytag. Die Technik des Dramas, 1863 (Erstausgabe: Leipzig, S. Hirzel)

■ *Untersuchen Sie anhand der Ausführungen Freytags die Nähe der Novelle „Der Tod in Venedig" zur dramatischen Form.*

Novelle und dramatische Form

Elemente der Novelle

Dramatisches Element	Kennzeichen nach Freytag	Umsetzung bei Thomas Mann
Einleitung		
Das erregende Moment		
Steigerung		
Höhepunkt		
Fallende Handlung		
Katastrophe		

Novelle und dramatische Form (Lösungsvorschlag)

Elemente der Novelle

Dramatisches Element	Kennzeichen nach Freytag	Umsetzung bei Thomas Mann
Einleitung	<ul><li>Angaben zur Hauptperson und ihrem Umfeld</li><li>Einführen in die Stimmung des Werks</li><li>hierzu reichen diskrete Seelenbewegungen aus</li><li>Gegenspieler kann bereits berücksichtigt werden</li></ul>	*Kapitel I:*<ul><li>Aschenbach als angesehener Schriftsteller in München</li><li>Spaziergang auf Friedhof symbolisiert Einsamkeit und Tod</li><li>seelische Stimmung, ausgedrückt im Urwald-Tagtraum</li><li>Gestalt des fremden Wanderers</li></ul>
Das erregende Moment	<ul><li>kann aus dem Inneren des Helden entstehen, z. B. als Wunsch oder Entschluss</li><li>darf nichts vorwegnehmen, um Spannung zu erhalten</li></ul>	*Kapitel I:*<ul><li>Aschenbachs Wunsch zu reisen</li><li>spätere Verwicklungen bleiben noch im Dunkeln</li></ul>
Steigerung	<ul><li>Leidenschaft und Verwicklungen nehmen zu</li><li>spätester Zeitpunkt, um Gegenspieler einzuführen</li></ul>	*Kapitel II:*<ul><li>Aschenbachs Existenz durch Verdrängung von Sinnlichkeit geprägt</li><li>Darstellung der inneren Konflikte im Charakter der Hauptfigur</li></ul>
Höhepunkt	<ul><li>Ausführung der Entscheidung des inneren Kampfes des Helden</li></ul>	*Kapitel III:*<ul><li>schicksalhafte Begegnung mit Tadzio; Verzicht auf Abreise</li></ul>
Fallende Handlung	<ul><li>nach Höhepunkt neuer Spannungsaufbau nötig</li><li>Einsatz neuer szenischer Momente</li></ul>	*Kapitel IV:*<ul><li>Variieren der Faszination von Tadzio, die Aschenbach empfindet</li><li>Versuch des Liebesgeständnisses</li></ul>
Katastrophe	<ul><li>folgerichtiger Untergang des Helden</li><li>Leben muss nicht geschont werden</li></ul>	*Kapitel V:*<ul><li>Tod als Konsequenz des Konflikts</li><li>Identitätsverlust führt zu vollständiger Auslöschung der Existenz</li></ul>

Die mythologischen Anspielungen beim „Wanderer"

Zu den Todesboten in „Der Tod in Venedig"

Die Serie dieser Figuren [der Todesboten; Anm. des Verf.] gibt das „mythische Grundmuster des Textes" (Reed) zu erkennen, das sich aus einer Montage verschiedener mythologischer Vorstellungen ergibt. An erster Stelle ist an die Figur des mittelalterlichen Todes zu denken, der hier an den grimassierenden Zügen, die sein Zahnfleisch bloßlegen und an einen Totenschädel erinnern, zu erkennen ist. Aber es ist auch an die antike Gestalt des Tods zu denken, wie sie von Lessing und Schiller wiederbeschworen worden ist. Nach Walter Jens entspricht „der Wanderer mit den gekreuzten Füßen und dem in die Hüfte gestemmten abwärts gesenkten Stab [...] der berühmten Lessing'schen Schilderung ,Wie die Alten den Tod gebildet' bis ins Detail hinein". [...] Aber es ist nicht nur „Thanatos, der milde Bruder des Schlafs" (Jens), an den hier zu denken ist. Dazu kommt die antike Figur des Hermes als Hermes psychopompos („Seelenführer", Schlaf- und Traumgott), der in den antiken Abbildungen wie hier der Fremde mit Basthut [...], Stock [...] und Beutel (hier: Rucksack) dargestellt wird. Auch die „gekreuzten Füße" sind ikonografische[1] Attribute nicht nur des Thanatos, sondern auch des Hermes. In dem „Gurtanzug aus Lodenstoff" lässt sich der Chiton des Hermes, ein kurzes, enges, um die Hüfte gegürtetes Gewand, erkennen. Hermes ist der Gott der Wanderer. Als Psychopompos geleitet er die Seelen in die Unterwelt. Im *Lehrbuch der griechischen und römischen Mythologie für höhere Töchterschulen und die Gebildeten des weiblichen Geschlechts* von Friedrich Nösselt, das Thomas Mann als Quelle verwendete, heißt es, „zu den Geschäften des Hermes gehörte auch, die Schatten der Verstorbenen mit seinem Stabe in die Unterwelt zu führen" [...].

Ferner: „Ist er als Jüngling dargestellt, so sieht man ihn bald stehend, bald gehend, bald sitzend; er hat zuweilen einen Reisehut, oder den Stab, oder einen Beutel. Sein Körper ist schlank, seine Haltung gewandt [...]. Die Haare sind kurz und gekräuselt. [...], der Kopf gewöhnlich etwas gesenkt, der Blick nachdenkend. Entweder ist er ganz nackt, oder er hat ein kurzes Kleid über die Schultern oder den Arm geworfen." [...] Durch ihr fremdländisches Aussehen („ein Gepräge des [...] Weiterkommenden") und durch ihre Haltung („etwas herrisch Überschauendes, Kühnes oder selbst Wildes") verweist die Figur auch auf Dionysos, den „fremden Gott". Bei dem „mit eiserner Spitze versehenen Stock" handelt es sich dann um den Thyrsosstab des Dionysos, bei dem „Basthut" oder „farbig umwundenen Strohhut" [...] um das „in die Realschicht übersetzte Attribut des Efeukranzes", wie ihn der Gott trägt (Dierks [...]). Es ist hier ein Bedeutungssynkretismus[2] anzusetzen, der es ermöglicht, in dem Fremden sowohl Thanatos, Hermespsychopompos als auch Dionysos als mythische Modelle zu erkennen [Bahr bezieht sich hier wiederum auf Dierks; Anm. des Verf.]. – Nicht zuletzt hat man in der Figur des Fremden auch Satan sehen wollen. Die beiden „apokalyptischen Tiere" [...] scheinen ihn anzukündigen. Die zwei „senkrechten Furchen" sind als Zeichen des Antichrist oder als Zeichen der nur noch angedeuteten Hörner, die die Teufel seit Dante tragen, interpretiert worden (Pabst [...]). – Auch dass er zum „rothaarigen Typ" gehört, deutet in diese Richtung, gilt doch rotes Haar im Volksglauben seit alters her als Zeichen des Tückischen, Teuflischen.

Aus: Ehrhard Bahr: Thomas Mann: Der Tod in Venedig. Erläuterungen und Dokumente. © für die Texte Philipp Reclam jun. GmbH & Co., Stuttgart 2005, S. 12–14 (gek.)

---

[1] ikonografisch = bildwissenschaftlich

[2] Bedeutungssynkretismus = Vermischung verschiedener Bedeutungen

---

■ *Erarbeiten Sie aus dem Text die verschiedenen Motivgruppen, auf deren Grundlage Thomas Mann die Figur des Wanderers entwickelte, und entwerfen Sie ein aussagekräftiges Tafelbild, das die wesentlichen Ergebnisse in anschaulicher Form darstellt. Skizzieren Sie dieses auf einer Overheadfolie.*

Die Analyse der Todesboten[1]

Wanderer auf dem Nordfriedhof (S. 11–12)

Allgemeiner Eindruck:	
Herkunft	
Statur	
Auftreten	
Gesicht:	
Haut	
Mundpartie	
Nase	
Haare/Bart	
Bekleidung:	
Kleidung	
Gegenstände	

■ *Vervollständigen Sie das Arbeitsblatt in textgerechter Weise.*

---

[1] Schema nach einer Idee von Thorsten Zimmer, in: Unterrichtskonzepte Deutsch-Literatur. Thomas Mann: Der Tod in Venedig. Eine Unterrichtseinheit für die Oberstufe. Freising: Stark Verlag 2001, S. 52

Die Analyse der Todesboten[1]

Der falsche Jüngling (S. 34–35, 40–41)

Allgemeiner Eindruck:	
Herkunft	
Statur	
Auftreten	
Gesicht:	
Haut	
Mundpartie	
Nase	
Haare/Bart	
Bekleidung:	
Kleidung	
Gegenstände	

■ *Vervollständigen Sie das Arbeitsblatt in textgerechter Weise.*

---
[1] Schema nach einer Idee von Thorsten Zimmer, in: Unterrichtskonzepte Deutsch-Literatur. Thomas Mann: Der Tod in Venedig. Eine Unterrichtseinheit für die Oberstufe Freising: Stark Verlag 2001, S. 52.

Die Analyse der Todesboten[1]

Der Gondoliere (S. 43–44)

Allgemeiner Eindruck:	
Herkunft	
Statur	
Auftreten	
Gesicht:	
Haut	
Mundpartie	
Nase	
Haare/Bart	
Bekleidung:	
Kleidung	
Gegenstände	

■ *Vervollständigen Sie das Arbeitsblatt in textgerechter Weise.*

---
[1] Schema nach einer Idee von Thorsten Zimmer, in: Unterrichtskonzepte Deutsch-Literatur. Thomas Mann: Der Tod in Venedig. Eine Unterrichtseinheit für die Oberstufe Freising: Stark Verlag 2001, S. 52.

Die Analyse der Todesboten[1]

Der Straßenmusikant (S. 111–113)

Allgemeiner Eindruck:	
Herkunft	
Statur	
Auftreten	
Gesicht:	
Haut	
Mundpartie	
Nase	
Haare/Bart	
Bekleidung:	
Kleidung	
Gegenstände	

✂

■ *Vervollständigen Sie das Arbeitsblatt in textgerechter Weise.*

---

[1] Schema nach einer Idee von Thorsten Zimmer, in: Unterrichtskonzepte Deutsch-Literatur. Thomas Mann: Der Tod in Venedig. Eine Unterrichtseinheit für die Oberstufe Freising: Stark Verlag 2001, S. 52.

Die Analyse der Todesboten[1]

Lösungsübersicht

	Wanderer auf dem Nordfriedhof (S. 11–12)	Der falsche Jüngling (S. 34–35, 40–41)	Der Gondoliere (S. 43–44)	Der Straßenmusikant (S. 111–113)
Allgemeiner Eindruck:				
Herkunft	„nicht bajuwarischen Schlages", „Gepräge des Fremdländischen und Weitherkommenden"	Mitglied einer Reisegruppe aus dem kroatischen Pula	„durchaus nicht italienischen Schlages"	„von der Rasse der neapolitanischen Komiker"
Statur	„mäßig hochgewachsen, mager"		„von ungefälliger, ja brutaler Physiognomie", „eher schmächtig"	„schmächtig gebaut", das „Antlitz mager und ausgemergelt"
Auftreten	sein Auftreten hatte „etwas herrisch Überschauendes, Kühnes oder selbst Wildes"	falsches Auftreten wirkt „schauerlich", meckert betrunken „unter Kratzfüßen"	„schroffe, überhebliche Art", „unleidlich", „unheimlich entschlossen"	„Haltung von frecher Bravour", „von bemerkenswerter, komischer Energie", „brutal und verwegen, gefährlich und unterhaltend", „Kratzfüße"
Gesicht:				
Haut	„milchige und sommersprossige Haut"	grell überschminkt, zeigt deutliche Spuren des Alters		Gesicht ist „bleich", „Adern auf seiner Stirn" vor Anstrengung geschwollen, Furchen zwischen den Brauen
Mundpartie	„seine Lippen schienen zu kurz", Zähne liegen offen	Mund umgeben von Runzeln, „gelbes [...] Gebiss"	bei Anstrengung zieht er die Lippen zurück und entblößt die Zähne	die „starken Zähne" sind „entblößt"
Nase	„auffallend stumpfnäsig"		„kurz aufgeworfen"	„stumpfnäsig"
Haare/Bart	entspricht dem „rothaarigen Typ"	trägt braune Perücke	„blonder, lockiger Schnurrbart", „rötliche Brauen"	„bartlose Züge", rothaarig, mit „rötlichen Brauen"
Bekleidung:				
Kleidung	„breit und gerade gerandeter Basthut", gelber „Gurtanzug aus Lodenstoff"	„hellgelber, übermodisch geschnittener Sommeranzug", „rote Krawatte", „kühn aufgebogener Panama"	„seemännisch blau gekleidet", mit einer „gelben Schärpe" und „einem formlosen Strohhut", der sich auflöst	trägt „schäbigen Filz"
Gegenstände	„Rucksack", „Stock"	„Siegelringe"	„Ruder"	Gitarre

---

[1] Schema nach einer Idee von Thorsten Zimmer, in: Unterrichtskonzepte Deutsch-Literatur. Thomas Mann: Der Tod in Venedig. Eine Unterrichtseinheit für die Oberstufe Freising: Stark Verlag 2001, S. 52.

Robert Kurz: Thomas Mann und die ironische Weltanschauung

Ich sah meinen Vater sterben, ich weiß, dass ich sterben werde, und jener Gedanke ist mir der vertrauteste: er steht hinter allem, was ich denke und schreibe." (Thomas Mann)

Wenn der Gedanke an den Tod einen ständig begleitet, dann kann man entweder todtraurig und depressiv werden oder heiter-gelöst. Gelöst heißt aber auch: distanziert. Die Dinge des Lebens gehen einen dann kaum mehr etwas an. Solche Distanz wiederum kann zu zwei Positionen führen: zu einer entschieden religiösen oder zu einer durch und durch ironischen. Thomas Mann, von dem die Zeilen stammen, war weder religiös noch depressiv. Er war ausgesprochen ironisch. Ironie durchzieht das Werk des großen deutschen Schriftstellers […]. Seine Ironie war nicht Ausdruck eines bestimmten Humors, sondern eine Weltanschauung, ein Lebensstil, der eine spezifische politische Haltung nach sich zog. „Deswegen ist Ironie nichts unbedingt Revolutionäres. Im Gegensatz zur Satire. Diese will verändern; die Ironie mokiert sich, aber sie verändert nicht die Welt", sagt der Thomas-Mann-Experte und Biograf Hermann Kurzke: „Sie hat insofern einen konservativen Zug." […]

Ironie ist geistvolle Selbstwiderlegung der Allmacht des Geistes, die Einsicht also, dass letztlich der Geist vor der Macht des Lebens, der Triebe und des Todes nichtig ist. Doch Thomas Mann wählte die ironische Haltung nicht aus einem intellektuellen Entschluss heraus; die Distanz führte ihn allmählich zur Ironie. Und die ursprüngliche Distanz des Thomas Mann war die zu seinem Unterleib.

„Ich sage, du brauchst den Unterleib nicht zu verachten. Du darfst es aber gerne; ich tu's nämlich auch. Ich habe mich in letzter Zeit nahezu zum Asketen entwickelt. Ich sage, trennen wir den Unterleib von der Liebe. Wie ich sie hasse, die Geschlechtlichkeit." So der Jüngling Thomas Mann. Die Distanz zum Leben hängt eng mit der Distanz zum Unterleib zusammen: Beides ist Natur, eine Natur, die den Geist immer wieder irritiert. Aber die Distanz zum Unterleib hatte noch eine andere Ursache, wie Hermann Kurzke ausführt: „Thomas Mann fühlt sich eigentlich verfolgt von der erotischen Veranlagung, die er nicht ausleben kann und nicht ausleben will." […]

Darüber ist eine Menge geschrieben und geforscht worden und es gibt wenig mehr dazu zu sagen: Thomas Mann war schwul, führte aber eine Ehe und zeugte mehrere Kinder mit seiner Frau – vielleicht sogar die größere Distanz zu seinem Triebleben, als wenn er asketisch geblieben wäre. Eine Ironie, aber gleichzeitig auch ein Eingeständnis, dass man seiner bürgerlichen Pflicht nachkommen muss. Das Werk Thomas Manns ist voll von Figuren, die gegen ihre Sehnsüchte und Begierden ihrer bürgerlichen Pflicht nachkommen, wie der Autor selber – und dabei scheitern. Das Scheitern der bürgerlichen, heroischen Pflichterfüllung zeigt deutlich, wie gespalten der Schriftsteller war. Zur bürgerlichen Seite der Ironie gehört, dass sie Heroismus im Allgemeinen nicht akzeptiert.

Quelle: Deutsche Welle (Kultur Panorama 13.8.2005)

■ *Fassen Sie mit eigenen Worten zusammen, worin der Verfasser die Ursachen für die ironische Grundhaltung Thomas Manns sieht.*

Baustein 5

Rezeption und Kritik

Der von Thomas Mann geschaffene Novellenstoff wurde von namhaften Künstlern aus vielen Richtungen künstlerischen Schaffens aufgegriffen und schöpferisch weiterentwickelt. In den vorangegangenen Bausteinen wurde bereits auf die grafischen Arbeiten von Felix Hoffmann und Joan Waddell sowie auf das von Gerd Wameling besprochene Hörbuch Bezug genommen. Dieser Baustein berücksichtigt nun zum einen die filmische Umsetzung der Novelle durch Luchino Visconti und stellt zum anderen Möglichkeiten vor, bekannte Bearbeitungen für die Bühne in den Unterricht einzubauen. Konkret geht es um die Oper „Death in Venice" von Benjamin Britten, um das Tanztheater „Tod in Venedig" von John Neumeier sowie um das gleichnamige Drama von Michael Wallner. Außerdem rücken die Schüler als individuelle Rezipienten der Novelle in den Blickpunkt. Sie sollen zu einer eigenständigen Gesamtbewertung des Texts angeregt werden.

5.1 Der Stoff in der Rezeption

Mit Luchino Visconti (1906–1976) nahm sich einer der prominentesten Vertreter des italienischen Nachkriegsfilms des Novellenstoffes an. Für den Film, der 1970 erschien, erhielt Visconti einen Spezialpreis der Filmfestspiele in Cannes, mit dem gleichzeitig sein Lebenswerk geehrt wurde. Als prägende Figur des *neorealismo*, der den italienischen Film bis in die 50er-Jahre hinein bestimmte, strebte Visconti in seinem cinematografischen Schaffen die ungeschminkte Darstellung der Wirklichkeit an. Schon in seiner aus dem Jahr 1948 stammenden Verfilmung des „Leoparden" von Giuseppe Tomasi di Lampedusa, der den Überlebenskampf eines sizilianischen Adelsgeschlechts während der italienischen Einigungskriege darstellt, deckte er die geheimen Spielregeln und Mechanismen der aristokratischen Gesellschaft auf. Das gleiche Interesse dürfte seine Aufmerksamkeit auf den „Tod in Venedig" gelenkt haben, der ja die fortschreitende Demaskierung eines geadelten Großbürgers thematisiert. Daneben wird auch die von Visconti offen gelebte Homosexualität zur Attraktivität des Stoffes beigetragen haben.

In vielerlei Hinsicht realisierte Visconti eine exakte filmische Umsetzung der Textvorlage. Der wesentliche Unterschied zwischen Buch und Film allerdings zeigt sich in der Hauptfigur: Aschenbach ist kein würdevoll auftretender Schriftsteller, sondern ein Komponist, der keineswegs von sich überzeugt wirkt und viel mehr an Adrian Leverkühn, die Hauptfigur des Romans „Doktor Faustus", erinnert. Tatsächlich hat Visconti tragende Elemente seines Films diesem Roman entlehnt – wie schon Thomas Mann bedient sich also auch der Regisseur des Mittels der Montage. Außerdem macht Visconti nicht nur die Hauptfigur zum Musiker, sondern setzt zugleich die Musik Gustav Mahlers als hintergründigen Stimmungsträger ein. Die von Visconti hinzukomponierte Figur des Dirigenten Alfred, des Vertrauten Aschenbachs, erinnert wiederum an Rüdiger Schildknapp, den Begleiter Leverkühns.

Ansonsten macht der Vergleich mit der Novelle deutlich, dass der Film auf andere Kommunikationsebenen bauen muss. Der Schwerpunkt liegt somit nicht auf den Sprechtexten, sondern auf visuellen Eindrücken, die durch sinntragende musikalische Begleitungen eine noch stärkere Akzentuierung erfahren. Folgerichtig tritt kein auktorialer Erzähler auf, sondern dieser wird ersetzt durch Panorama-Kameraeinstellungen. Außerdem können die tiefgründigen philosophischen Diskurse der Novellenvorlage nur unzureichend in Gestalt gelegentlicher Rückblenden aufgegriffen werden. Dieses Manko ersetzt Visconti allerdings durch filmtypische Stärken: Besonders die immer wieder exzellent in Szene gesetzte Atmosphäre der Stadt Venedig zeigt seine große Meisterschaft im Umgang mit dem visuellen Medium.

Die Behandlung der Verfilmung im Unterricht eignet sich vor allem dazu, den Schülerinnen und Schülern die Möglichkeiten und Grenzen der filmischen Umsetzung des Stoffes nahezubringen. Es erscheint sinnvoll, ihnen ausgewählte Szenen zu zeigen und diese mit der Textvorlage vergleichen zu lassen. Auf der Basis der gewonnenen Erkenntnisse sollen die Schülerinnen und Schüler auf abstrakter Ebene Vorteile und Nachteile einer filmischen Umsetzung diskutieren.
Denkbare Vergleichsszenen:

- **Die Gondelfahrt Aschenbachs (Szene 3, Timecode 0.9.00 –0.11.40)**

Vergleich mit Novelle: große Textnähe im Dialog und im Aussehen des Gondoliere; Aschenbachs Erscheinung jedoch weniger würdevoll und souverän, auch Rolle des Gondoliere nicht so düster gestaltet wie in der Novelle, filmische Umsetzung der mit der Gondel verbundenen Todessymbolik, indem die schwarze Gondel mit dem Gepäck Aschenbachs (Aufschrift „G.v.A."), die sich dem Landungssteg nähert, an Leichentransport erinnert

- **Kunstgespräch mit Alfred (Szene 8, Timecode 0.33.16–0.36.58)**

Vergleich mit Novelle: keine Entsprechung im Text; Funktion einer Rückblende; apollinische Kunstauffassung Aschenbachs wird deutlich; Thematik der Zweideutigkeit der Musik angelehnt an „Doktor Faustus"

- **Strandszene (Szene 9, Timecode 0.39.45–0.48.00)**

Vergleich mit Novelle: kein verbalisierter Einblick in seelische Empfindungen Aschenbachs, da kein Erzähler vorhanden; dieser ersetzt durch „allwissende" Panoramakamera; sinnliches Interesse Aschenbachs an Tadzio in Einzeleinstellungen angedeutet; Klänge fremder Sprachen Symbol für Aschenbachs Betreten fremden Terrains, was sich nicht nur räumlich, sondern auch seelisch vollzieht

Alternativ oder ergänzend zur Verfilmung können auch die verschiedenen Bearbeitungen für die Bühne, also für Oper, Ballett und Sprechtheater, besprochen werden.
Bei der Oper „Death in Venice" handelt es sich um das letzte Werk des großen britischen Komponisten Benjamin Britten (1913–1976). Wie bei Visconti dürfte auch bei Britten ein wichtiges Motiv für die Beschäftigung mit dem Stoff autobiografisch bedingt sein: Britten war ebenfalls homosexuell, bei der Uraufführung der Oper im Jahre 1973 sang Brittens damaliger Lebenspartner Peter Pears die Rolle des Gustav Aschenbach.
Das Stück ist auf der sängerischen Ebene geprägt vom Kontrast zwischen Aschenbach (Tenor) und den anderen Singrollen, also den Todesboten und anderen Handlungsträgern. Diese Rollen sind allesamt mit einem einzigen Bariton besetzt, der nacheinander in verschiedenen Rollen auftritt. Tadzios Rolle bleibt dagegen auf stumme Tanzszenen beschränkt. Am Ende des Stücks vollzieht sich durch die Orchestermusik eine symbolische Vereinigung von Aschenbach und Tadzio.
Die Oper wurde 2007 bei den Festspielen in Bregenz neu inszeniert. Im Rahmen des Unterrichts kann beispielsweise eine Aufführungskritik eingesetzt werden (**Zusatzmaterial 5, S. 113**), um den Charakter der Oper beziehungsweise der konkreten Aufführung nachzuvollziehen.

Mögliche Leitfragen wären:
- Woraus besteht die Handlung der Oper, gibt es auffällige Unterschiede zur Novelle?
- Wie wird das Bühnenbild gestaltet, wie ist es zu interpretieren?
- Wie wird die Leistung des Regisseurs bewertet?
- Welche Urteile werden über die musikalische Leistung der Künstler ausgesprochen?
- Wie lautet die Gesamtbewertung der Autorin?

Eine weitere Alternative bietet das Tanztheater „Tod in Venedig. Ein Totentanz" des Hamburgers John Neumeier (*1942), der seit 1973 das Ballett an der Hamburger Staatsoper leitet. In dieser Inszenierung wird Aschenbach in einen Tanzchoreografen umgedeutet, der ein Ballett zu Friedrich dem Großen gestalten soll. Die größere tänzerische Aktivität kommt jedoch Tadzio zu. Der künstlerische Gegensatz zwischen dem apollinischen und dem dionysischen Ideal wird versinnbildlicht in der Musik Bachs und Wagners.

Die Kritik einer Aufführung (**Zusatzmaterial 6**, S. 115) könnte beispielsweise genutzt werden, um Unterschiede zwischen Text und Ballett in Bezug auf die Gestaltung der Hauptfigur Aschenbach aufzuzeigen. Außerdem könnten die Schülerinnen und Schüler positive und negative Bewertungen der Besprechung herausarbeiten und einander gegenüberstellen.

Auch die wenig bekannte, aus dem Jahr 2006 stammende Sprechtheaterfassung von Michael Wallner kann zur Vertiefung der Rezeptionsproblematik herangezogen werden (**Zusatzmaterial 7**, S. 116). Dabei lassen sich die wesentlichen Unterschiede zwischen Erzählung und Theaterfassung zusammentragen. Auffällig und ganz in der Tradition des griechischen Theaters ist vor allem das Ersetzen des auktorialen Erzählers durch einen kommentierenden Chor. Innere Reflexionen Aschenbachs werden zudem durch Nebenfiguren verbalisiert. Außerdem nutzt Wallner wie vor ihm schon Visconti, Britten und Neumeier die Musik zur dramatisierenden Verstärkung.

5.2 Die Novelle in der Kritik

Der Begriff der Rezension dürfte den Schülerinnen und Schülern mehr oder weniger bekannt sein. Um einheitliche Kriterien für die Erstellung einer eigenen Rezension aufzustellen, sollten zunächst die Definition und die Kriterien für eine Rezension in einem Tafelbild gesammelt werden:

Wie schreibt man eine Rezension?

Definition:
- Vorstellung von Neuerscheinungen in den Bereichen Buch, Musik, Film
- Ziel: kritische Besprechung/differenzierte Bewertung aus Sicht des Verfassers
- Adressaten: potenzielle Käufer des Mediums
- Ort: Zeitungen, Fachzeitschriften, Internet, Radio, Fernsehen

Anforderungen:
- klares Benennen des rezensierten Gegenstands
- kurzes Andeuten des Inhalts, aber keine Inhaltsangabe
- argumentativer, nachvollziehbarer Aufbau
- Bezug auf Horizont der Leser
- zum Schluss Empfehlung bzw. Abraten

Anschließend können die Schülerinnen und Schüler im Rahmen einer Internetrecherche nach aktuellen Leserrezensionen der Novelle „Tod in Venedig" suchen und überprüfen, ob diese den gemeinsam zusammengestellten Kriterien genügen. Wichtigste Fundstellen sind die Seiten großer Onlinebuchhandlungen (www.amazon.de, www.buecher.de, …).

Am Ende der gesamten Unterrichtssequenz sollte den Schülerinnen und Schülern Gelegenheit gegeben werden, selbst eine Besprechung des Buches zu verfassen, in der ihre subjektive Leseerfahrung zum Ausdruck gebracht werden kann. Diese Aufgabe eignet sich auch als Hausaufgabe.

■ *Erstellen Sie eine eigene Besprechung zur Novelle „Tod in Venedig", in der Ihre individuellen Leseerfahrungen zum Ausdruck kommen. Achten Sie darauf, dass unter Ihrem Text noch ausreichend Platz für weitere Ergänzungen frei gehalten wird.*

Die auf diese Weise entstandenen Rezensionen sind auf einem DIN-A4-Blatt oder auf einem vorgefertigten Arbeitsblatt (siehe **Arbeitsblatt 27**, S. 107) anzufertigen und können an einer Wand im Klassenzimmer, in einer sogenannten „Kritiker-Ecke", aufgehängt werden. Der auf den Textblättern frei gehaltene Raum stellt eine Einladung an die Mitschüler dar, im Laufe einer festgesetzten Frist (die Arbeiten sollten mindestens eine Woche im Klassenzimmer ausgehängt bleiben) die Besprechungen zu kommentieren. Die Schüler stellen sich also wiederum der Kritik und den Anregungen durch andere Mitschüler. Wenn die Klasse das Angebot annimmt, können unter Umständen auf einzelnen Blättern regelrecht intellektuelle Diskurse über die gelesene Novelle entstehen. Nach Ablauf der vorher vereinbarten Frist sollte eine Nachbesprechung der Unterrichtssequenz auf der Grundlage der entstandenen Kriterien erfolgen.

Notizen

Bewertung der Novelle

Name: _____

Mein Urteil zur Erzählung „Der Tod in Venedig"

☺ **Besonders loben möchte ich …**

_____
_____
_____
_____
_____

☹ **Weniger gefällt mir …**

_____
_____
_____
_____
_____

Hier ist Platz für Eure Stellungnahmen zu meiner Besprechung:

_____
_____
_____
_____
_____

Name: _____

Name: _____

Name: _____

Zusatzmaterial

1 Zeitgenössische Kritik der Homosexuellen an der Novelle

Auszug aus der 1914 erschienenen Rezension „Wo bleibt der homoerotische Roman?" von Kurt Hiller (1885–1972)

Man wende hier nicht den „Tod in Venedig" ein; Thomas Mann, seine Technik in Ehren, gibt in diesem Stück ein Beispiel moralischer Enge, wie ich sie von dem Autor der „Buddenbrooks", der „Fiorenza" und des Essays „Der Literat" niemals erwartet hätte. Die ungewohnte Liebe zu einem Knaben, die in einem Alternden seltsam aufspringt, wird da als Verfallssymptom diagnostiziert und wird geschildert fast wie die Cholera.

Aus: Jahrbuch für sexuelle Zwischenstufen unter besonderer Berücksichtigung der Homosexualität, Nr. 14 (1914), S. 338. © Kurt Hiller Gesellschaft e.V., Hamburg

■ *Beschreiben Sie mit eigenen Worten, wie Kurt Hiller Thomas Manns Novelle aufgenommen hat.*

Erinnerungen Katia Manns

Wir fuhren mit dem Dampfer nach Venedig. Mein Mann hing über die Maßen am Lido und an Venedig. Wir waren oft dort; sonst waren wir immer mit der Eisenbahn gekommen. Auf dieser Reise kamen wir zum ersten Mal von der See aus herein, und auf dem Schiff war tatsächlich auch der greise Geck, ein offenbar geschminkter und hergerichteter älterer Herr, umgeben von jungen Leuten. Die tobten und machten Unsinn. Wir kamen an und suchten eine Gondel, die uns herüberfährt nach dem Lido. Es kam auch gleich einer und erklärte, er wäre bereit, uns zu fahren. Und wie wir aussteigen und ihn bezahlen, kam ein Dortiger und sagte: Der hat ja gar keine Konzession. Da haben Sie Glück gehabt, dass Sie keine Unannehmlichkeiten hatten!

Also, dieser greise Geck war da, und der Gondoliere war da.

Dann gingen wir in das Hotel-des-Bains, wo wir reserviert hatten. Es liegt am Strand, war gut besucht, und bei Tisch, gleich den ersten Tag, sahen wir diese polnische Familie, die genau so aussah, wie mein Mann sie geschildert hat: mit den etwas steif und streng gekleideten Mädchen und dem sehr reizenden, bildhübschen, etwa dreizehnjährigen Knaben, der mit einem Matrosenanzug, einem offenen Kragen und einer netten Masche gekleidet war und meinem Mann sehr in die Augen stach. Er hatte sofort ein Faible für diesen Jungen, er gefiel ihm über die Maßen, und er hat ihn auch immer am Strand mit seinen Kameraden beobachtet. Er ist ihm nicht durch ganz Venedig nachgestiegen, das nicht, aber der Junge hat ihn fasziniert, und er dachte öfters an ihn.

Heinrich, der auch mit von der Partie war wollte immer, dass wir wegführen, irgendwohin ins Gebirge. Wir sind ungern weggereist, aber weil er so gern nach einem Ort im Apennin (der Name ist mir entfallen) fahren wollte, haben wir eingewilligt. Es war recht ungemütlich dort. […]

Nun, wir reisten schnell wieder ab und fuhren triumphal nach Venedig zurück. Außerdem war Heinrichs Koffer verloren gegangen, was auch noch ein Grund zur Rückreise war, und mein Mann war selig, dass wir wieder am Lido waren. Die polnische Familie wohnte noch im Hotel. Eines Abends kam auch dieser etwas obszöne neapolitanische Sänger. Dann reisten so viele Leute ab, und es gingen Gerüchte um, es sei Cholera in der Stadt. Es war keine schwere Epidemie, aber mehrere Fälle gab es doch. Wir haben es zunächst gar nicht gewusst und uns um die Abreisen nicht sehr gekümmert. Wir gingen ins Cook, um unsere Rückreise zu verabreden, und da sagte uns der redliche englische Angestellte im Reisebüro: Wenn ich Sie wäre, würde ich die Schlafwagen nicht erst für in acht Tagen bestellen, sondern für morgen, denn, wissen Sie, es sind mehrere Cholera-Fälle vorgekommen, was natürlich verheimlicht und vertuscht wird. Man weiß nicht, wie weit es sich ausbreiten wird. Es wird Ihnen doch wohl aufgefallen sein, dass im Hotel jetzt viele Gäste abgereist sind.

Das war ja auch der Fall, und wir fuhren weg. Die polnische Familie war schon einen Tag vorher gefahren.

In seinen Einzelheiten ist also alles erlebt, aber niemand außer Thomas Mann hätte wohl daraus diese Geschichte vom „Tod in Venedig" machen können. Mein Mann hat das Wohlgefallen, das er tatsächlich an diesem sehr reizvollen Jungen empfand, auf Aschenbach übertragen und zu äußerster Leidenschaft stilisiert.

Aus: Katia Mann: Meine ungeschriebenen Memoiren. © Katia Mann 1974. Alle Rechte vorbehalten S. Fischer Verlag GmbH, Frankfurt am Main

■ *Klären Sie, welche Details der hier beschriebenen Urlaubserinnerung in der Novelle erzählerisch aufgegriffen werden.*

Baron Wladyslaw Moes als Knabe

Persönlichkeitsstruktur und Verdrängungsmechanismen nach Sigmund Freud[1]

Persönlichkeitsunterschiede erklärte Freud, indem er sie auf die unterschiedlichen Formen, mit denen Menschen mit ihren grundlegenden Trieben umgehen, zurückführte. Er zeichnete das Bild eines ständigen Kampfes zwischen zwei Teilen der Persönlichkeit, dem Es und dem Über-Ich, gemildert durch einen dritten Aspekt des Selbst, das Ich.

- Das **Es** wird als primitiver unbewusster Teil der Persönlichkeit betrachtet, als Sitz der primären Triebe. [...]
- Das **Über-Ich** ist der Sitz der Werte, einschließlich der erworbenen, in der Gesellschaft geltenden moralischen Einstellungen. [...]
- Das **Ich** verkörpert den realitätsorientierten Aspekt der Persönlichkeit, der im Konflikt zwischen den Impulsen des Es und den Anforderungen des Über-Ich abwägt und vermittelt. [...]

Wenn Es und Über-Ich in Konflikt geraten, arrangiert das Ich einen Kompromiss, der beide wenigstens zum Teil zufriedenstellt. Wenn Es und Über-Ich verstärkt Druck ausüben, wird es für das Ich schwieriger, den optimalen Kompromiss auszuarbeiten. Manchmal erfordert es der Kompromiss, das Es einzuschränken. Extreme Wünsche des Es müssen möglicherweise verdrängt werden.

Diese Mechanismen sind überlebenswichtig für die psychische Anpassung einer Person an die miteinander im Konflikt liegenden Anforderungen von Es, Über-Ich und äußerer Realität. Es gibt psychische Taktiken und Strategien, die es einer Person ermöglichen, im Allgemeinen ein positives Selbstbild aufrechtzuerhalten.

Sigmund Freud (1856–1939)

Abwehrmechanismen des Ich:

Begriff	Definition
Kompensation	Verhüllung einer Schwäche durch Überbetonung eines gewünschten Charakterzuges; Frustration auf einem Gebiet wird aufgewogen durch übermäßige Befriedigung auf einem anderen
Verleugnung	Schutz vor einer unangenehmen Wirklichkeit durch die Weigerung, sie wahrzunehmen
Verschiebung	Entladung von aufgestauten, gewöhnlich feindseligen Gefühlen auf Objekte, die weniger gefährlich sind als diejenigen, welche die Emotion ursprünglich erregt haben
Emotionale Isolierung	Vermeidung traumatischer Erlebnisse durch Rückzug in Passivität
Fantasie	Befriedigung frustrierter Wünsche durch imaginäre Erfüllung (z. B. „Tagträume")
Identifikation	Erhöhung des Selbstwertgefühls durch Identifikation mit einer Person oder Institution von hohem Rang
Introjektion	Einverleibung äußerer Werte und Standardbegriffe in die Ich-Struktur, sodass das Individuum sie nicht mehr als Drohungen von außen erleben muss
Isolierung	Abtrennung emotionaler Regungen von angstbeladenen Situationen oder Trennung unverträglicher Strebungen durch straffe gedankliche Zergliederung [...]
Projektion	Übertragung der Missbilligung eigener Unzulänglichkeiten und unmoralischer Wünsche auf andere

---

[1] Sigmund Freud: *1856 im mährischen Freiberg, †1939 in London, österreichischer Arzt und Psychologe, Begründer der wissenschaftlichen Psychoanalyse

Begriff	Definition
Rationalisierung	Der Versuch, sich einzureden, dass das eigene Verhalten verstandesmäßig begründet und so vor sich selbst und vor anderen gerechtfertigt ist
Reaktionsbildung	Angstbeladene Wünsche werden vermieden, indem gegenteilige Intentionen und Verhaltensweisen überbetont und diese als „Schutzwall" verwendet werden
Regression	Rückzug auf eine frühere Entwicklungsstufe mit primitiveren Reaktionen und in der Regel auch niedrigerem Anspruchsniveau
Verdrängung	Verhinderung des Eindringens unerwünschter oder gefährlicher Impulse ins Bewusstsein
Sublimierung	Befriedigung nicht erfüllter sexueller Bedürfnisse durch Ersatzhandlungen, die von der Gesellschaft akzeptiert werden
Ungeschehenmachen	Sühneverlangen für unmoralische Wünsche und Handlungen, um diese damit aufzuheben

Aus: Philipp G. Zimbardo: Psychologie. Berlin: Springer 1995, S. 487–488

■ *Erklären Sie mit eigenen Worten die Verdrängungstheorie Freuds und überprüfen Sie anhand der Übersicht über die verschiedenen Verdrängungsformen, wie sich die Verdrängung der Homosexualität im Denken und Handeln Aschenbachs zeigt.*

Die Oper Brittens

Bernd Stopka: Stilisiert, minimalistisch, großartig

Neben der Oper auf der Seebühne steht in jedem Jahr eine sogenannte „Hausoper" auf dem Programm der Bregenzer Festspiele. Heuer wird im Festspielhaus Benjamin Brittens „Tod in Venedig" gespielt – in einer Koproduktion mit dem von Britten mitbegründeten Aldeburgh Festival. „Tod in Venedig" steht im Zentrum der Veranstaltungen, die unter dem Motto „Britten and Britain" stehen und zu denen neben Chor- und Orchesterwerken auch Brittens selten gespielte Operette „Paul Bunyan" gehört, die im Bregenzer Kornmarkttheater gegeben wird.

Thomas Manns Novelle „Der Tod in Venedig" ist Weltliteratur, die Geschichte ist also hinlänglich bekannt. Britten und seiner Librettistin Myfanwy Piper ist es (trotzdem) gelungen, eine ganz und gar überzeugende Bühnenfassung zu erarbeiten. Dabei haben sie sich sehr eng an die Vorlage gehalten, fügten jedoch die Figuren Dionysos und Apollo hinzu. Damit verdeutlichen sie den Zwiespalt der Gefühle, den Konflikt der Ideale und den Kampf der Leidenschaften, denen sich der Schriftsteller Gustav von Aschenbach ausgesetzt sieht, als er mitten in einer Schaffenskrise nach Venedig reist, um neue Energie und Inspiration und irgendwie auch den Sinn des Lebens zu finden. Britten vollendete die Partitur im Mai 1973. Bis zum Abschluss der Komposition zögerte er eine dringend notwendige Herzoperation heraus. Das gesundheitliche Risiko nahm er eher in Kauf als das Risiko, dieses Werk nach dem Eingriff nicht mehr vollenden zu können. Den autobiografischen Zusammenhang kann man in der Musik deutlich spüren. Mit äußerst feinsinniger, sparsamer Instrumentierung erreicht Britten mit scheinbar einfachen Mitteln die größte Tiefe des Ausdrucks. Und gerade neben den nur mit Klavier begleiteten Selbstreflexionen Aschenbachs wirken die wenigen, aber dann wundervoll lyrischen Ausbrüche des Orchesters doppelt stark.

Das Minimalprinzip hat sich auch das Regieteam zu eigen gemacht. Regisseur Yoshi Oïda hat allerfeinste Feinarbeit geleistet und dabei auch Darstellungsweisen aus seiner Heimat adaptiert, minimalistisch stilisiert erzählt er die Geschichte wortgenau und erreicht damit tiefste Eindrücke. Tom Schenk hat eine Wasserfläche auf die Bühne gebracht, über die versetzbare Holzstege führen. Mediterranes Licht definiert den Ort der Handlung. Vor der unterschiedlich beleuchteten Hintergrundwand hängt eine kleine, quadratische Projektionsfläche, die viel Wasser und sich darin spiegelnde Häuser zeigt. Rückseitig ist sie ein Spiegel, der nicht nur Aschenbach vorgehalten wird.

Mit einfachsten Mitteln werden Bilder von höchster Ästhetik gestaltet. Da werden zwei schwarze Stangen, die sich gleichmäßig heben und senken, zur venezianischen Gondel, Gondoliere brauchen nur ein Ruder und entsprechende Bewegungen, um sich als solche auszuweisen. An den Bühnenseiten lagern die Requisiten, die häufiger zum Einsatz kommen und ebenso wie die Holzstege offen bereit- oder umgestellt werden. Dies geschieht mit einer ruhigen Selbstverständlichkeit, die nicht störend, sondern natürlich wirkt. Eine angemessene Üppigkeit findet sich lediglich in den Kostümen von Richard Hudson: ganz klassisch und einfach schön.

Alan Oke verkörpert den Aschenbach bis in die Fingerspitzen. Wie in den sich selbst streng kontrollierenden, hochdisziplinierten, an Schaffenskraft verarmten Künstler das Leben zurückkehrt, wie aus seiner Sehnsucht und Liebe zu Schönheit und Jugend der fatale Wunsch wird, selbst wieder jung und schön zu sein, bis hin zu seinem erbärmlichen, clownesken Ende – alles das wird erschütternd deutlich. Okes hoch kultivierter Tenor[1] lässt dabei keinen Wunsch offen. Er klingt immer geradlinig und klar, gänzlich unangestrengt und souverän – auch in den unangenehmsten Intervallsprüngen – und weist bis zum Schluss keinerlei Ermüdungserscheinungen auf, was bei dieser ausgesprochen langen Partie umso mehr beeindruckt. Seine ganz exzellente Wortverständlichkeit setzt das i-Tüpfelchen. Man kann den Aschenbach vielleicht anders singen und darstellen – aber kaum besser.

Als stimmlicher wie schauspielerischer Verwandlungskünstler schlüpft Peter Sidhom in alle Baritonrollen[2]. Ob als beflissener Hotelmanager oder als geschwätziger Friseur, ob als Straßensänger oder Gondoliere, ob als unheimlicher Reisender oder als kraftvolle Stimme des Dionysos – er verleiht jeder Figur individuellen Charakter. Sein souveräner Bariton überzeugt nachhaltig, nur das Falsettsingen (als Geck) gehört nicht zu seinen größten Stärken.

Will Towers leiht Apollo seinen Kontratenor[3], Damian Thantrey ist ein ausgesprochen schönstimmiger englischer Angestellter im Reisebüro. Die polnische Familie und ihre Freunde hat Britten dem Ballett zur Darstellung übergeben. Das Tanztheater Nürnberg wird dieser Aufgabe bestens gerecht. Auch hier über-

---

[1] Tenor = hohe Männerstimme
[2] Bariton = mittlere Männerstimme
[3] Kontratenor = männliche Alt- oder Sopranstimme

wiegen die kleinen, dezenten Bewegungen. Mit besonderer Ästhetik berührten Pavel Povraznik als Tadzio und Riikaa Läser als Frau von Welt und besorgte Mutter.

Mit vielfältigen kleinen Solopartien tragen die Mitglieder des Britten Festival Chorus ebenso zu diesem musikalischen Ereignis bei wie mit ihrem homogenen Zusammenklang. Lupenrein und höchst engagiert folgen die Wiener Symphoniker Paul Daniel, der vom Pult aus eine geradezu atemberaubende musikalische Dichte und Ausdrucksstärke erzeugt. Dabei lassen immer wieder wunderschöne Details aufhorchen. Das Publikum war am Ende so tief beeindruckt, dass es einige Momente dauerte, bis der heftige Schlussapplaus einsetzte. Diese Stille sagte viel.

FAZIT: Eine Produktion vom Allerfeinsten! Rundum.

Quelle: http://www.omm.de Online Music Magazin, Bernd Stopka

■ *Vergleichen Sie die Novelle und die Oper hinsichtlich der Gemeinsamkeiten und der Unterschiede.*

Das Tanztheater Neumeiers

Irmela Kästner: Die Wirklichkeit kippt in Aschenbachs Traum

„Ein Totentanz" hat John Neumeier sein jüngstes Ballett „Tod in Venedig" untertitelt, frei nach Thomas Manns gleichnamiger Novelle. Ein Danse macabre[1], die immer wieder die schwermütige Last dieser unweigerlichen Reise in den Tod zu durchbrechen sucht. Dazu ein Ballett, das im dreißigsten Jahr von John Neumeiers Wirken in Hamburg ein weiterer Publikumsrenner zu werden verspricht. Stehende Ovationen bescherten die Premierenzuschauer in der Staatsoper Hamburgs Ballettchef und seinem Ensemble.

In den Voraufführungen in Baden-Baden war das Stück seitens der Kritik weniger gut weggekommen. Neumeier hat in den bis zur Uraufführung verbliebenen Tagen noch einmal Hand angelegt und auf einen beliebten und weidlich ausgereizten Kunstgriff schließlich verzichtet: einen Prolog, der das Sterben in Venedig erklärend vorwegnimmt. Somit zeigt das erste Bild einen Ballettsaal, denn Neumeiers Protagonist Gustav von Aschenbach ist hier nicht Schriftsteller, sondern Choreograf[2] und arbeitet an einem Ballett über Friedrich den Großen. In Tanzmeistermanier agiert er, schikaniert seine Assistentin, benutzt die Tänzer als Material. Eitel kommt er daher, sich selbst und seiner Kunst überdrüssig. Sein Friedrich gibt ihm zuweilen Kontra. Dann flüchtet sich Aschenbach in Schöngeistigkeit, umgibt sich mit seinen „Konzepten" in Gestalt einer wie immer makellosen, aber nichtssagenden Silvia Azzoni und eines artigen Alexandre Riabko. Mag sein, dass Neumeier diese althergebrachten Hierarchien abruft, um später zu zeigen, dass im Tod alle gleich sind. Und Lloyd Riggins, ein hochsensibler Tänzer zwar, aber ein recht leidlicher Darsteller, droht mitunter von Ivan Urban als Friedrich der Große glatt an die Wand gespielt zu werden.

---
[1] Danse macabre = franz. für Totentanz
[2] Choreograf = Gestalter einer Ballettinszenierung

Die mondäne Gesellschaft, auf die Aschenbach in Venedig trifft, scheint ihrer selbst noch weniger überdrüssig. Einen morbiden Anstrich gibt Neumeier den Tanzpaaren in ihren langsamen, gebrochenen Bewegungen. Aschenbach wirkt wie ein Zuschauer seiner eigenen Fantasiewelt. Traum und Realität mischen sich, die Illusionen, denen sich der Künstler in der Beobachtung des jungen Tadzio hingibt, wachsen ins Surreale. Das Fragmentarische, Studienhafte überwiegt in der Choreografie. Skizzenhaft ist auch das Ausstattungskonzept von Peter Schmidt. Stimmig spielt der Stardesigner mit fotografischen Oberflächen, setzt farbliche Akzente, greift mit der Konstruktionsskizze einer Gondel Neumeiers im ersten Akt thematisierten Arbeitsprozess auf. Stilistisch ist das Ballett eine Augenweide. Choreografisch ist es durchaus schlüssig, doch mutiger hätte man es sich gewünscht. Schließlich weiß man, welches Potenzial in Neumeier steckt, wenn er seinen Figuren, wie zuletzt in „Préludes CV", freien Lauf lässt. Zu sehr hängt er hier aber an der Geschichte, vor allem an deren Zeitgeist. Daran ändert auch die geschmacklich schräge Rock'n'Roll-Einlage nichts. Doch weitaus gravierender ist, dass Neumeier zu der Rolle des Tadzio herzlich wenig eingefallen ist. Neckische Spiele in Badehose vermitteln kaum den Zauber der Jugend. Und hohles Starren in unbestimmte Weiten bergen keine Geheimnisse. So läuft diese zentrale Beziehung konstruiert und spannungslos ins Leere. Der junge Edvin Revazov macht als Tadzio eine ziemlich plumpe Figur.

Mit der Besetzung von Otto und Jiří Bubenicek ist Neumeier allerdings ein kluger Griff gelungen: Im Doppelpack vermitteln sie eine Ahnung, worum es dem Choreografen geht. Das Dionysische und das Apollinische, das Neumeier nicht zuletzt mit den gewählten musikalischen Gegenüberstellungen von Bach und Wagner zu unterscheiden sucht, erfährt Prägnanz durch die Zwillingsgestalt. Weg von einer Figur entwickeln sie sich im hervorragenden Zusammenspiel zu einer aufregend subversiven Kraft.

Quelle: www.welt.de Welt Online, 9. Dezember 2003

■ *Vergleichen Sie die Novelle und das Ballett hinsichtlich der Gemeinsamkeiten und der Unterschiede.*

Das Drama Wallners

Anke Schaefer: Der Tod in Venedig: Kein Rausch, keine Krise, keine Wandlung

In der Alten Feuerwache gab es am Samstag eine Uraufführung: Der Schauspieler, Regisseur und Autor Michael Wallner hat die Novelle „Der Tod in Venedig" von Thomas Mann in eine Bühnenfassung gebracht. Es gibt einen berühmten Film von Visconti, es gibt eine Oper von Benjamin Britten, aber eine Bühnenfassung gab es bislang nicht. Michael Wallner hat sie auch anlässlich des 50. Todestages von Thomas Mann in diesem Jahr geschrieben.

Vor dem dünnen Gazevorhang[1] ein verzweifelter Gustav von Aschenbach – hinter dem Gazevorhang der Chor, sein vielstimmiges Alter Ego, das von seinen Errungenschaften und Gedanken spricht. Und da erfasst von Aschenbach ein „Fluchtdrang", dem er nachgibt, er reist nach Venedig.

Venedig – Stadt der Vergänglichkeit, der Verkommenheit, Stadt, in der das Unbewusste an die Oberfläche geschwemmt wird. In dieser Stadt lässt Thomas Mann in seiner Novelle „Der Tod in Venedig" seinen beherrschten und disziplinierten Schriftsteller die Kontrolle verlieren, er gerät in einen Liebesrausch, verliebt sich in den jungen Tadzio, erlebt ungeahnte Gefühle und Wallungen und – stirbt.

Michael Wallner hat die Novelle nun in Theaterform gegossen, indem er die Gedanken und Erlebnisse des Gustav von Aschenbach nicht nur von diesem sprechen lässt, sondern sie auch den anderen in den Mund legt – etwa dem Chor, dem Gondoliere, dem Hotelpersonal. Dieses vielstimmige Konzept ist eines, das tragen könnte.

Und auch die Inszenierung könnte tragen. Michael Wallner schafft Übergänge, etwa mit der einfühlsamen Musik von Alexander Kukelka, und so etwas Fließendes, fast eine gleitende Filmatmosphäre – manchmal. Und das auf einer Bühne (gestaltet von Bühnenbildner Heinz Hauser), die, auch weil sie hinter der Gaze liegt, durchaus geeignet wäre, dem stilisierten Venedig etwas Nebliges, Morbides, ja Kränkliches zu geben. Wir sind am Canale Grande, gucken auf halbe Brücken und die roten Stecken, die die Eingänge markieren. Aber – leider – bleibt alles Wunderlich-Beschämend-Traumhafte, alles Morbide, Schemenhafte dann doch gänzlich auf der Strecke.

Diese Inszenierung wirkt am Ende plakativ. Das hat verschiedene Gründe. Der Auftritt der Todesboten ist jeweils eine Spur zu proper[2], zu laut, zu bunt, zu wenig beiläufig. Aber – es mag vor allem am Hauptdarsteller liegen. Marcel Bausch gibt seinem Gustav von Aschenbach eher die Anmutung eines starren Beamten denn eines die Kontrolle verlierenden Schriftstellers. Er spricht seinen Text immer in der gleichen Tonlage, und Kostümbildnerin Angela C. Schuett hat ihn dazu in Anzug, Krawatte und Hemd gehüllt. Dieses Hemd trägt er zum Schluss zwar offen – aber das reicht nun mal nicht, um uns glauben zu machen, dass hier einer eine wirkliche existenzielle Wandlung durchmacht, dass einer von tiefer Leidenschaft übermannt wird und kurz vor dem Tod steht.

Die Starre und das Plakative mögen aber auch durch die Sprache entstehen. Michael Wallner hat sich ganz an Thomas Mann gehalten, und in seiner Inszenierung wirken die wohlgesetzten Worte plötzlich gestelzt, aufgesetzt. Was, so denkt man, nicht unbedingt so sein müsste, das wohlgesetzte Wort könnte sich ja verheddern, in ein Stimmengewirr der inneren Gedanken geraten und ihn immer tiefer in den Strudel des Rausches hineinziehen.

So viele gute Ansätze, so viele Möglichkeiten, insgesamt auch so viel Liebe zum Detail. Auch sei hier noch erwähnt, dass Brigitte Kahn mit ihrer Reibeisenstimme und Schnodderigkeit[3] als ziegenbärtige Fahrkartenverkäuferin, als Gouvernante und Zeitungsverkäuferin sehr wohltuend aus dem so gesetzten Rahmen fällt.

Und dennoch: Dieser Tod in Venedig wird wohl in unseren Gedanken nur wenig Spuren hinterlassen.

Anke Schaefer: Der Tod in Venedig: Kein Rausch, Keine Krise, Keine Wandlung (Rezension der Uraufführung des Bühnenstücks „Der Topd in Venedig", inszeniert von Michael Wallner, Alte Feuerwache Saarbrücken) Quelle: www.sr-online.de SR2 Kulturradio online

---
[1] Gaze = weitmaschig gewebter Stoff, meist Seide oder Baumwolle
[2] proper = sauber
[3] Schnodderigkeit = betonte Lässigkeit, Großsprecherei

■ Vergleichen Sie die Novelle und das Drama hinsichtlich der Gemeinsamkeiten und der Unterschiede.

Literaturverzeichnis

Textausgabe:

Thomas Mann: Der Tod in Venedig, 18. Auflage, Frankfurt a. Main 2005.
Dazu:
Bahr, Ehrhard: Thomas Mann, Der Tod in Venedig. Erläuterungen und Dokumente, erweit. Auflage, Stuttgart 2005.

Gesamtausgabe der Werke Thomas Manns:

Thomas Mann: Gesammelte Werke in dreizehn Bänden, Frankfurt a. Main ²1974 (= Frankfurter Ausgabe).

Hörbuch:

Gerd Wameling liest Thomas Mann: Der Tod in Venedig. Ungekürzte Lesung auf 3 CDs. Argon Verlag Berlin 2006.

Film:

Der Tod in Venedig. Originaltitel: Death in Venice/Morte a Venezia, Italien 1970.
Regie: Luchino Visconti.

Literatur zu Thomas Mann:

Breloer, Heinrich/Königstein, Horst: Die Manns. Ein Jahrhundertroman. Frankfurt a. Main 2001.
Harprecht, Klaus: Thomas Mann. Eine Biographie, 2 Bde., Reinbek 1996.
Karthaus, Ulrich: Thomas Mann, Stuttgart 1994.
Koopmann, Helmut (Hrsg.): Thomas-Mann-Handbuch, Frankfurt a. Main ³2001.
Kurzke, Hermann: Thomas Mann. Epoche-Werk-Wirkung, 2. Auflage, München 1991.
ders.: Thomas Mann. Das Leben als Kunstwerk. Eine Biographie, München 1999.
Prater, Donald: Thomas Mann – Deutscher und Weltbürger. Eine Biographie. München/Wien 1995.
Schröter, Klaus: Thomas Mann, Reinbek ³2005.
Wisskirchen, Hans: Die Familie Mann, Reinbek 1999.
Wysling, Hans/Schmidlin, Yvonne (Hrsg.): Thomas Mann. Ein Leben in Bildern, Zürich 1994.

Literatur zum „Tod in Venedig":

Baron, Frank/Sautermeister, Gert (Hrsg.): Thomas Mann: Der Tod in Venedig. Wirklichkeit, Dichtung, Mythos, Lübeck 2003.
Deuse, Werner: „Besonders ein antikisierendes Kapitel scheint mir gelungen." Griechisches in „Der Tod in Venedig", in: Härle, Gerhard (Hrsg.): „Heimsuchung und süßes Gift". Erotik und Poetik bei Thomas Mann, Frankfurt a. Main 1992, S. 41–62.
Dierks, Manfred: Der Wahn und die Träume im „Tod in Venedig". Thomas Manns folgenreiche Freud-Lektüre im Jahr 1911, in: Psyche 44 (1990), S. 1–23.

Koopmann, Helmut: Ein grandioser Untergang: Thomas Manns „Der Tod in Venedig", in: Freund, Winfried (Hrsg.): Deutsche Novellen, München 1993, S. 221–235.

Wysling, Hans (Hrsg.): Dichter über ihre Dichtungen, Band 14: Thomas Mann, Teilband I: 1889–1917, Zürich u. a. 1975.

Lektürehilfen:

Ackermann, Karin: Der Tod in Venedig. Inhalt – Hintergrund – Interpretation, München 2005.

Frizen, Werner: Thomas Mann. Der Tod in Venedig, München u. a. ²1993.

Große, Wilhelm: Thomas Mann. Der Tod in Venedig, Hollfeld ³2005.

Hermes, Eberhard: Thomas Mann. Der Tod in Venedig, Stuttgart u. a. ¹²2006.

Schede, Hans-Georg: Thomas Mann. Der Tod in Venedig, Stuttgart 2005.

Zimmer, Thorsten: Thomas Mann. Der Tod in Venedig, Freising 2001.

Ders.: Thomas Mann, Der Tod in Venedig. Eine Unterrichtseinheit für die Oberstufe, in: Schardt, Friedel (Hrsg.): Unterrichts-Konzepte Deutsch-Literatur (Loseblattsammlung, Ergänzung 17), Freising o. J.

Literatur zu Film und Oper:

Bleicher, Thomas: Zur Adaption der Literatur durch den Film. Viscontis Metamorphose der Thomas-Mann-Novelle „Tod in Venedig", in: Neophilologus 64 (1980), S. 479–492.

Koebner, Thomas: Eine Passionsgeschichte: Der Tod in Venedig als Film, in: Baron, Frank/Sautermeister, Gert (Hrsg.): Thomas Mann: Der Tod in Venedig. Wirklichkeit, Dichtung, Mythos, Lübeck 2003, S. 189–200.

Hillman, Roger: Literatur-Film-Musik: „Der Tod in Venedig", in: Frank, Paul (Hrsg.): Übersetzen, verstehen, Brücken bauen: Geisteswissenschaftliches und literarisches Übersetzen im internationalen Kulturaustausch, Bd. 2, Berlin 1993, S. 469–478.